Junio 26, 2019, Miercoles
(en Granada España)

POEMAS DE AMOR

6/26/19

ANTONIO GALA
POEMAS DE AMOR

PRÓLOGO Y EDICIÓN
DE PERE GIMFERRER

PLANETA

© Antonio Gala, 1997
© Editorial Planeta, S. A., 1997
  Córcega, 273-279, 08008 Barcelona (España)
Diseño de cubierta: Compañía de Diseño
Ilustración de cubierta: foto © A.G.E. Fotostock
Ilustración de contracubierta: foto © María Espeus
Primera edición: abril de 1997
Segunda edición: abril de 1997
Tercera edición: abril de 1997
Depósito Legal: B. 20.471-1997
ISBN 84-08-01995-3
Composición: Fotocomp/4, S. A.
Impresión: Liberduplex, S. L.
Encuadernación: Encuadernaciones Roma, S. L.
Printed in Spain - Impreso en España

Prólogo

«Entre las vïoletas fui herido» dice un verso de Góngora que todos los poetas debiéramos saber recordar. Tal es, en todo tiempo y lugar, la condición del amante, la del enamorado: no sabría yo hallar mejor o más adecuado epígrafe para el libro que el lector tiene en las manos, a cuya edición he atendido, y al que estas líneas se proponen dar entrada, a modo de atrio o zaguán. El esplendor de lo visible, de lo externo, cifrado en otro ser, lacera o vulnera hondamente el ánimo del amador, como en esos «simulacros» a los que Lucrecio atribuía las visiones oníricas de voluptuosidad nocturna, y también sus secretas y lánguidas heridas. El poeta, aquí, al presentar esta obra en gran parte inédita, ha elegido ser poeta de amor. Más poeta (y más escritor también) que los más de los poetas españoles del

día, quizá convenga no olvidar que Antonio Gala se dio a conocer como poeta años antes de alcanzar notoriedad por su obra dramática. Quien de verdad es poeta no deja nunca de serlo, y en un doble sentido lo ha seguido siendo Gala: por su poesía inédita, que hoy aquí empieza a restituirse, desde luego; pero también por su tratamiento artístico del material verbal, no sólo en aquellas zonas de su obra en que ello resulta más evidente —así, en el teatro, desde Los verdes campos del Edén *hasta* Los bellos durmientes— *sino incluso, por ejemplo, en el estricto, escueto y casi angosto espacio de «troneras» periodísticas, tan enclaustradas y ricas como una mazmorra en un grabado de Piranesi, que son a menudo concisas obras maestras cuya intensidad expresiva sólo a un poeta resultaría hacedero alcanzar.*

Ni que decir tiene, por lo demás, que, como muy pocos en la sociedad española actual, Antonio Gala es también un personaje público, y ello a pesar de la relativa rareza de sus comparecencias personales y de la reserva que rodea su vida privada. Mas no se es personaje público por exhibirse más o por airear lo privado, no: un escritor es personaje público, ante todo, en la medida en que acierte a encarnar en la propia obra una respuesta a las interrogaciones que cada individuo, en un momento social dado, se

6

formula acerca de sí mismo y del sentido de su existencia cotidiana, y en ello muy pocos hay que entre nosotros puedan equipararse a Gala, y menos aún llevarle ventaja. Una conciencia puesta en pie hasta el fin se ha dicho que era el poeta, y del autor de estos Poemas de amor *puede desde luego legítimamente decirse. A lo que apela es a la verdad última que da sentido a cada experiencia del vivir, y más vale que no queramos engañarnos fingiendo que tal verdad no sea principalmente el amor.*

No es, por cierto, esta poesía volandera, caediza o desasistida de un marco y una tradición a los que remitirse; la asiste, por el contrario, precisamente la tradición más vasta, sólida, variada y sostenida que posee la poesía hispánica escrita en castellano: la que desde Góngora (y, si se quiere, desde antes —¿o desde después?— de él, desde los poetas arabigoandaluces rastreados en las jarchas o nuevamente plasmados en español por Emilio García Gómez) nos lleva en línea recta hasta Cernuda, Lorca o Alberti. Si algo hay verdaderamente duradero, elevado, hermoso y noble en el legado literario de la lírica en castellano es sin duda este tronco irrigador y fecundador de tradición poética. En contra de lo que algún superficial detractor pudo creer, tal tradición nada tiene de meramente externo, de epidérmicamente colorista. Todo lo contrario:

es una tradición que, por situar en el centro de su existencia la palabra y la imagen, dialoga directamente con la verdadera naturaleza de la poesía. La belleza conquistada es, aquí, también conquista de la verdad.

PERE GIMFERRER
de la Real Academia Española

PALABRAS PREVIAS

Estas líneas son una confidencia. Como el resto del libro: la confidencia de un poeta desconocido que con ella se presenta. A pecho descubierto.

Los propósitos —por más serios que sean, y se cumplan o no— se aventuran en vano. Yo prometí que la edición de mis libros de poemas, en caso de hacerse, sería póstuma. Mi concepto de la intimidad y del pudor así lo ordenaba. No obstante, no he sabido resistirme a la petición de mis lectores y de mis editores. A ellos, sin la menor duda, va dedicado este libro.

No tengo yo una idea muy original de la poesía. Me parece que equivale a la *poyesis* platónica, en la idea de creación o de construcción. Es como un líquido que toma la forma del recipiente en que se vierte. Hay poesía de pintura, de literatura, de música, de escultura, de arquitectura... Habrá incluso una actitud poética que no se materialice en nada sino en procurar estarse ante las cosas con una posición de aprendizaje, de pregunta, de perplejidad: algo que no es más que una vía de conocimiento. Eso es la poesía, y no una vía de comunicación. De ahí que la *poyesis* que se concreta en el poema sea la más apreciable y la más difícil: una cristalización casi insoportable, una quemadura con la realidad más honda y verdadera, una reunión de contrarios, a través de sus raíces, desde luego.

He preferido no dar un libro sólo: no habría sabido cuál. He preferido dar unos cuantos poemas de cada uno. Unos cuantos poemas cuyo sentido común —y qué opuesto en ocasiones al tema— fuese el amor. Desde mis diecisiete años hasta ayer mismo hay poemas recogidos aquí. Los de *Perseo* todavía se apoyan con exceso en la forma, en la jugosa percepción de las palabras, en la consanguínea sureña abundancia: son poemas de adolescencia. También casi los de *Enemigo íntimo*: una adolescencia, sin embargo, más reflexiva, desalentada por la búsqueda afanosa de la que no está ajena cierta divinidad. *La acacia* es consecuencia de una destitución; nace cuando todo parece acabarse: a los veintipocos años uno ignora que la vida comienza, o se reinaugura, cada mañana. Y si no lo ignora, es igual o peor. La espera de ese retorno, de esa vuelta a empezar, la recoge *Valverde, 20*. Su título no es que parezca una dirección: lo es; el contenido significa la invitación a una visita que se demoró mucho aún.

Baladas y canciones es un libro de transición que reúne composiciones de una época más amplia y menos unitaria que los otros. *La deshora* lleva un título delatante: el amor, en efecto, sólo llega para decir que no puede quedarse. Son sus rescoldos los que iluminan esta colección de poemas, bastante más larga que de aquí se deduce. Acaso *Meditación en Queronea* requiera una aclaración. La escribí refiriéndola al lugar en que se dio el combate de los tebanos con los macedonios. Fue vencido —y muerto— en él el Batallón Sagrado, compuesto de amantes y amados a los que era más dura que morir la indignidad de mostrarse cobardes a los ojos de quien amaban. Alejandro, muy joven entonces, dio la orden de quemar los cadáveres; después fue reprendido por su padre, Filipo. Ya era tarde, como siempre, para ellos… En este libro hay un vaivén de épocas, de escenarios, de sentimientos: el mundo es, en el fondo, Queronea y lo allí sucedido.

Una dulce y ligera distracción produjo el pequeño conjunto *Para Mirta*, de sonetos barrocos: un ejercicio apasionado y leve a la vez, rebelde y escolástico a la vez, como las sensaciones que lo originaron. Los *Sonetos de la Zubia*, por el contrario, están escritos, a pie de obra, con el corazón. Ahí el poeta se ve sometido a un tiempo a la rígida y fiera disciplina del amor y a la rígida y suave disciplina del soneto. Todos ellos trazan una historia común: el paso del fervor a la gelidez, del piropo al ultraje, de la extravertida convivencia a la larga agonía solitaria... No en vano el libro siguiente lo titulé *Testamento andaluz*. Consta sólo de veinticuatro poemas: tres por cada una de las ocho melodiosas provincias hermanas. Veinticuatro momentos en que me sentí como una tesela modestísima que forma parte de un enorme mosaico, y en ese anonimato pervive, y en él, de un enigmático modo, se inmortaliza. En los años del Esplendor, Abderramán III, más de cincuenta califa de Córdoba, escribió su testamento. Tras oleadas de hipérboles y de glorias, acababa: «Y fui feliz catorce días.» Pero, arrepentido de la última exageración, agregó: «No seguidos.» Yo no aspiré mucho tiempo a la felicidad; con la serenidad me basta no lejos de la con-fusión y del con-sentimiento.

Un personaje que a los cordobeses fascina es el arcángel Rafael, el mancebo que acompañó a Tobías en su viaje hacia el amor matrimonial. El último de los libros que componen éste, al que ni siquiera doy por concluido, es el *Tobías desangelado*: los viajes del protagonista desprovisto ya de la presencia humana, tangible, protectora y deseada del ángel.

Este libro polifacético es necesariamente especular. Refleja las distintas y transeúntes formas literarias y mi transeúnte biografía. Supongo que con dificultad podría hallarse un retrato más fiel de las únicas facciones de mi alma que importan. Si hablara, seguro que diría a cada lector el verso del Cantar de Cantares: *«Pone me ut signaculum super cor tuum.»* Ponme como una señalita sobre tu corazón.

ANTONIO GALA

PERSEO

Definición del amor

Ni la desfallecida crueldad del terciopelo,
ni el sándalo, ni el ópalo amarillo,
ni los rígidos pliegues de la lluvia
de julio, ni los pájaros exóticos,
ni el tierno corazón de cornalina
del niño griego, ni las primorosas
libélulas, ni la alta colgadura
de majestad que oprime los palacios,
ni el borroso país de los espejos
al acecho, ni el mar por donde rige
Fata Morgana su veloz navío,
ni el canto misterioso del azahar
que cada noche ofrece un goce nuevo,

ni la cúpula atroz de lapislázuli
bajo la cual agosto se embelesa
entre venenos, ni el espeso vino
que recargó los miembros de caricias
y hasta un cielo de púrpura enaltece
el bermejo alminar de los deseos,
ni la húmeda ribera, ni el ruïdo
de la primaveral fiesta en los prados,
ni el reflexivo aljibe, ni la rosa
de cada día, ni el gentil esmero
del petirrojo, ni la antigua luna
prendiendo lazos de moaré en los sauces,
ni el fecundo rumor de las abejas
incandescentes en su orfebrería,
ni un vespertino silbo de alcaceles,
ni maderas de olor recién cortadas...

2

BÚSQUEDA DE LA BELLEZA EN EL ACTO
DEL AMOR

Cuando apretados cíngulos y lianas
apretadas, con dedos presurosos

entierran incompleta la caricia,
sobre la desnudez tejiendo túnicas.

Cuando, suelto el jardín, bajo las ramas
del alarido se enrojece el oro
y los blancos rincones atraviesan
y fustigan violetas repentinos.

Cuando la enredadera suspirante
sus dientes clava, y el azahar, remoto
de su abdicada ya delicadeza,
en blanca furia al mar furioso embiste.

Cuando la oscura nieve, resumida
en las más hondas grutas, se levanta
sonora, ensordeciendo el monte con
decapitada urgencia de torrente.

Cuando crepita el yelo desbocado;
la preciosa agonía sus estambres
instaura, y pleamares absolutas
alzan su innumerable transparencia.

Cuando devora o muere ensimismada
la rosa, crece, escóndese, llamea

y violentas garzas al encuentro
de las ballestas, ávidas descienden.

Cuando los fecundantes atanores,
reposada su música, reflejan
la opulenta ataujía del racimo
que madura amatista al labio rinde.

Cuando ascua, pozo y pájaro de plata,
con sigilosa majestad la luna
en nombre de la luz deroga luces,
y hogueras con sus linos soñolientos.

Cuando, en carro de fuego arrebatada
la doble soledad, se desvanecen
la voz, el aire, el gesto, la manera,
la corolada gracia y el aroma,
yo te he buscado en vano, dueña mía,
única dueña, don cortante, lirio
enemigo, fugaz desmemoriada,
agua y sed mías, desamparo, albergue,
noche encendida, crimen, oh Belleza.

3

ELEGÍA POR LA BELLEZA

La interminable lepra de los días
granizará su frente: intacta, libre ahora
tal paloma volando entre pinares.

Muralla carcomida
por la insistencia firme del ariete
lento y seguro, se hundirá su cuerpo
y en el marmóreo fuste palpitante
se clavará la estría hasta el desgarro
y ha de silbar el junco entre la ruina.

Entonces el descenso, presentido
por las cosas, de tibia primavera
no cambiará sus manos insensibles,
ni florecerán lirios al temblor de sus dedos.

El fragor silencioso con que el tiempo
anonada lo bello y lo sumerge
en sus aguas inmóviles oscuras
ensordecerá el eco de su oído
al trino, al mar, al beso, a la palabra,
al milagroso aroma del silencio.

Un limpio alfanje trizará las mieses,
y al árbol melodioso, lanza alzada,
derrotará segur enardecida.
El efímero tacto de las nubes
se eternizara en piedra: la invisible
huella del ave, grito y bronce diese;
permaneciera la onda inconmovible;
la arena, guardadora de secretos,
y el cuerpo suyo —arena, nube, pájaro,
ola fugaz— otoño segaría.

Ya recibe la tierra —tierra sólo—
aquello que fue vida, luz, ternura.
Oh Belleza, qué breve y qué lejana:
tu flor, abierta apenas con la aurora,
más de un rocío nunca, blando, besa.

Yo quisiera beberte en el instante,
saciar mi afán de paso por tus fuentes,
pero tu amable encanto leve siento
como una maldición sobre mis hombros.

Porque como un olor te pierdes, cruzas
la oscuridad, así la estrella rota,

desapareces apagadamente...
Pero en los ojos tu recuerdo brilla
y un sabor de tu sed queda en los labios.

4

EL SUR

Y nosotros ¿qué haremos?
Los nacidos en tierras soleadas,
donde todo es como una jadeante
pedrería, que cálida alimenta
al indomable tigre del verano.

Donde cada tiniebla es el refugio
de voraces amantes, cuyos ojos
pregonan al pasar su sed urgente,
y al río van cogidas las cinturas.

Donde el amable peso de sus alas
impide defenderse a la Belleza
de un proceloso bosque de caricias.

Los nacidos en tierra de naranjos,
entre los cuales un ciprés levanta
asombrado su espíritu, qué haremos,

si un ardiente desorden nos envuelve
e inseparable tras nosotros, roja
como una cauda, repta la indolencia.

¿Qué haremos los ungidos con el óleo
antiguo, si pisamos sobre aquello
que muerto hace crecer a las granadas
y cuya ruina de olivar quemado
aún desea besar con nuestra boca?

¿Adónde miraremos
si por doquier florece la nupcial
campánula y desnudo el cuerpo se echa
con regalo en la yerba, y lo extasía
el singular color de las cantáridas;
si un sabor tiene el alba no gustado
a manzana primera, y de ella muerde
también corporalmente el pensamiento?

¿Dónde está la Belleza?, me pregunto
y entre mis labios húmeda desliza
Amor su lengua y falsa su respuesta…

Nos entorna las almas el olvido
que los frutales muslos nos exigen

en su hermoso delirio y, señalados
con los salvajes besos de la noche,
nos dejamos llevar por los perfumes.

Pues si lánguida y verde adormidera
es el aire, y se enreda en sus columnas
la carnosa sazón de la mandrágora,
qué otra cosa es posible
para los que nacimos en el sur,
sabemos el impío
secreto de las selvas y bebemos
la púrpura del sol de mediodía.

5

MENDIGOS CORONADOS

Tal la inquieta paloma
por deleitoso arrullo reclamada,
que hacia su gozo vuela al mediodía
ceñido el iris al arqueado cuello,
y feliz se abandona,
junto al ramo encendido,
al azulado amor que en lumbre la requiere,
así el bello recuerdo

sobre el nido se posa aún no enfrïado
y adorna con guirnalda de violetas
nuestra apagada frente.

Coronados mendigos, reyes somos
privados de su reino, y nos decora
en la sien con su herida el crisantemo.
¿Renacerá la flor si se la invoca?
¿Sumisa y fiel sonreirá su gracia?
¿Quién podría negarse? ¿Qué presente
más alto a la memoria concedido
que el pasado fulgor
con el que la Belleza nos persigue?
Vuelven hoy la tortura compartida,
la alevosa caricia a conmovernos,
y el placer de sus cálidos venablos.
Entre los alhelíes,
bajo el mismo glorioso mes de entonces,
su inalterable cáliz nos embriaga.
Pero ahora sólo viento, voz de nadie,
palabra y nada más que da la muerte:
sólo un golpe de viento, un soplo, sólo
rezagos de verano en un espejo.

¿Por qué, ay dolor, esa remota llaga
nos desangra, ya el daño retirado,
y la cobarde fortaleza invoca
a las idolatradas banderas enemigas?
¿Por qué mientras el labio (que antes rojo
trono del amor fue y aljibe suyo)
la paz implora, a gritos la mirada
(donde arde el antimonio del deseo)
al puñal codicioso
el pecho vulnerado
desesperadamente entrega y abre?

A la granada, eterna dadivosa,
que ante el maduro filo confundidos
tesoro y vida rinde,
semeja el corazón de sí olvidado,
cuando le llega el eco
de las fervientes voces que, entre el alba,
le despertaron al amor de súbito.
Voces y nada más, palabras sólo ahora,
que hoy la muerte le dan y ayer la vida.

6

EL AMOR FUGITIVO

El silvestre carmín,
la prímula de oro y el taraje
dormido en el arroyo contemplemos,
pues la envidia del aire, de improviso,
con ardor o con hielo los quebranta.

Envuélvanos el espinado cántico
del ruiseñor maduro que perfuma
su alcoba de esmeraldas:
una noche, una hora, un leve instante
y en vano anhelaremos repetir su deleite.

La sagrada caricia
del níveo jazmín nos aprisione
y el encalado muro en que suspira,
pues cercana está el alba, y sus pies suelen
pisar sobre jazmines.

Saboreemos el luminoso zumo
de las copas bajo la verde acacia
en flor, donde la luna se aposenta.

Porque un súbito arcángel vengativo
derramará por tierra su delicia.

El reflejo del agua
en los brillantes ojos del amor
sedientos aspiremos, y en su boca
el caliente reflejo de sus ascuas.
Porque, con pasos de paloma, el cuervo
feroz del sueño y del olvido vela.

7

EL SUMO FUEGO

De su propia belleza fatigada
se dobla la mejilla de la rosa
sobre el pecho de junio. Así en su fúlgido
frenesí se consume el sumo fuego.

Pues ¿qué es la Belleza sino un
hálito hiriente? ¿Qué, sino el ventalle
que entretiene la copa de los cedros?
Sembrad flores en mármol, revestid
con suntuoso mármol las cenizas:
un suspiro del aire basta para
destronar al más dulce de los frutos.

8

El deseo

De luz mortal y músicas vestido,
su alcázar de aire en aire fundamenta,
que dócil copia el corrïente espejo
donde la imagen sólo permanece.

No bien bebió el sediento, ya le arrecia
este licor la sed con su memoria,
o muda en vano olvido la ternura,
o le hastía de mayo la costumbre.
Porque la poma, sólo suspendida,
sazona al viento y prenda a la mañana.

Fue dado al mar su azul, a la ferviente
duna la palma, al manantial rumores,
le fue a la piedra llaga de amatistas.
Así el deseo, con vivaz premura,
lilia la roca, la negrura enciende,
como a la verdeoscura y yerta fronda
con tactos de oro la enriquece el árgoma.

Enemigo íntimo

1

Cuando el amor cierra los ojos para
beber en unos labios
el agua que un momento se le presta,
se hace en torno la muerte y queda sólo
profundamente vivo
lo que es de suyo desvalido y torpe:
el tacto, que resbala
como un reptil sobre las superficies.
Entonces el amante
sacia su propia soledad y estrecha
al amado con el mortal abrazo
de la serpiente, cuyo anillo busca
extinguirlo, morir, desvanecerlo.
Vuélvese hacia el vacío

interior y descubre vacilante
un nuevo ser dentro de sí; percibe
su soledad doblada,
y, enajenado y alterado, en sí
cava un abismo, al borde
del otro abismo, al que se lanza viendo
su odio en el del otro ensimismado.

Qué rencor sobreviene
a ese extraño que somos
al sorprenderse dado y no cumplido:
muerde, araña, devora, absorbe, intenta
de su propia traición tomar venganza,
posee lo que jamás fue menos suyo,
y así se rinde y cree vencer, dejando
su soledad, el patrimonio único,
invadida a merced del enemigo.

Nadie hay más fuerte que el amado. Nadie
un combate decide tan impávido.
Armagedón sin ruegos, envolverse
ve el amante su espada en negaciones.
Y es la helada ceniza
del desencanto lo que descubrimos

cuando la pleamar
recoge de la playa sus diademas.
Cumple el ritual amante de esta forma
un equilibrio misterioso, y vuelve
la armonía, que al ciego impone quien
se sonríe y eternamente aguarda.
Desnudo y vulnerado, ante el hostil
secreto, en los canchales del engaño,
mira el violentado su destino
inútil ya como un pájaro muerto,
mientras sobre la tierra
queda maduro un fruto y preparado.

2

Dice el amante en el amor palabras
que no entiende, mentiras
con que procura defender el brote
de su esperanza, rehecha en cada hora.
Antes de que el amor
desenmascare su voracidad
y en litigio se exprima la mandrágora,
del todo y para siempre
piensa nacer. Pero hay una sonrisa

por el aire que sabe la verdad.
No es el tiempo el que pasa,
sino el amante, y dura
la promesa tan sólo
el instante que dura su expresión.
No somos dueños del amor, ni puede
el éxtasis morderse como un fruto.

Vuelve el amante en sí
y de su vieja soledad recobra
los fatales rincones. Le sorprende
el despreciado intruso
que a hurtarle vino su abundancia, y odia
la mano que hace poco reclamaba.

No somos dueños del amor: amamos
lo que podemos, pues la muerte y
el amor no se escogen. Presentimos
que los raudales de la soledad
volverán a correr aún más copiosos,
pero intentamos destronar la muerte
con el beso. Y en tanto
besamos, se nos vuela la mirada
hacia lo nuestro, que es el desamor
y su cierta inminencia.

Busca el amante introducirse en
el oculto recinto del amado
para salir del suyo y olvidarse.
Busca otra soledad y no la encuentra,
porque es la soledad el amor mismo
disfrazado de carne y de caricia,
alzando su clamor en el desierto.
Nada puede librarnos
de este ajeno enemigo,
sino la luminosa muerte, donde
el fuego nos asume, recupéra-
nos la quietud y en el silencio se hunden
las promesas de eterno amor. La muerte,
cuya serenidad
detiene la aventura enardecida
o el sonámbulo intento
del que ama. La muerte, cuya cera
no se funde al ardor de los abrazos.

3

Salta el amor, como una alondra súbita,
de mirada en mirada. Qué alegría

pone al tallo la flor, mientras se pierden
los amantes en selva
de delicias, cantando
por la mañana de oro protegidos.
No obstante, entre las dos
cinturas permanece
el filo de un cuchillo. Cada amante
es su alondra, su selva y su mañana:
en sí las goza, en sí las extravía.

Amor no es más que estar
amando, sin sentir el oleaje
en que a la fiebre sigue la desgana.
Pero el amante sabe, anochecido,
que lo suyo es el mar,
y sólo anhela ya tender los brazos,
asirse en el destrozo
a una palpitación que desafíe
a la muerte, salvarse de la muerte,
resistirla, burlarla.
Su tentativa alarga el regocijo
de la mañana, al parecer, y tiñe
su corazón de azul. Mas es inútil,

porque entre labio y labio se previene
el filo del cuchillo.

Edifica el amor
su vana arquitectura sobre arena,
cerca de aquella rada donde gime
constante la palabra «fin», y es todo
menos que aire, pues
está en el corazón y el corazón
es cosa de la muerte.
Cuando el amante se hace olvidadizo
y va a poner su vida en otros ojos
por librarla, diciéndose: «Imposible
que aquí la encuentre», ignora
que el filo de un cuchillo
puede muy bien cortar una mirada.

Qué baldío forcejeo
entristece al amor. De muerte somos
más cada día, apresuradamente,
y aventurarse en las sutiles cuencas
de su dominio es el recurso único
para vencer. Así
la introdujo Holofernes en su tienda

con requiebros de amor. En paz y a oscuras,
a salvo con la muerte
de este pavor, de esta espantada huida
a nuevas simas, de este cuerpo a cuerpo
del amor, en la linde de la nada,
en esa linde peligrosa, aguda,
cortante como el filo de un cuchillo.

4

Mira el haz de la Tierra
y dice: «Todo es mío»;
el aljibe y: «Mañana con la escarcha,
o esta noche, podré beber.» Observa
las colinas y en su liviana curva
se complace. Al esclavo hiere y brota
obediente la sangre.
«Todo es mío», repite. «Sueño mío.
Soy yo de otra manera.»

César de un día, echa el amante suertes
y se pierde a sí mismo, atravesando
el río que separa los pronombres.
«Seremos uno», y sigue

el agua la llamada
del mar, en tanto el cauce permanece
entre las dos riberas.

Tiene el amor una moneda, cuyo
reverso no permite efigie alguna,
y entre la sed de los amantes huye
lo irrepetible. (César
y nada.) La paloma blanca suele
anidar en la copa de los cedros
más altos. («Todo es mío.») El agua nunca
viene: va siempre, va, desaparece
por detrás del color y de la forma,
reflejando al amante absorto, mudo,
de pie ya al otro lado del espejo.
A solas con su herida
(«Hiero y brota la sangre…») ve evadirse
lo rojo y lo tenaz
de la culpa. Callar: eso es la muerte.

Antes éramos uno y todo quiere
la unidad. Esta carne,
esta desamparada resistencia,
se someterá cuando

caiga el octavo velo, su baluarte
y frontera. También muda de piel
a espaldas de diciembre,
en su letargo, la serpiente. Ansía
volver el César, y anda
sin pausa en busca siempre
de los idus de marzo.
(El agua va, la sangre viene...) El héroe
es el gusano. El día
de desposarse con la primavera
que irrumpirá en el bosque
es antes de su adviento.
A la mitad de marzo hay un cobijo,
en el corazón último,
donde perdura en flor el no nacido
abril, y la oropéndola
es sólo el trino. Donde
«¿quién fui?», pregunta el César. Y sonríe.

5

Somos islas errantes. Solitarios
que corren juntos sin saber adónde.
Hecho está el juego, y se prohíbe ya

rectificar la apuesta: hay adoptado,
hay pendiente un designio.

                              Nos posee
aquello que creemos
poseer, y aquello que nos quema
no es más que el eco de una voz. Su nido
tiene la golondrina en un calor
lejano, y respeta el heliotropo
mandatos de oro. Alguien
remueve las profundas aguas negras
y echa a volar después. En vano busco
por la altamar caminos, huellas, contra
las que oprimir mi pie y decir: «Estuve
aquí otra vez y ardía. Reconozco
esta muerte, esta noche: son las mías.
Llevo en la frente su medida. Puedo
olvidar a los otros. Ofuscado
dormiré en la tiniebla sin estelas,
a la que el orto de la luna teme.»

Pero el amor es una ardiente cábala
con sal trazada en medio de la espuma.
Ha de arrastrarse un corazón tras otro
interminablemente, conspirar

con un cómplice en ese breve crimen
del abrazo. Qué sin sentido vamos.
Qué huérfanos de abril y de esperanza.
Trémulos como el ave
que perdió su canción y no la encuentra,
y se ha olvidado de quién es y cuál
era su rama. En vilo mantenidos
la víspera de nada,
del peso de las alas prisioneros,
entre el aire total, sin rumbos, sobre
el divino cantil, en que las islas
habrán de ser varadas para siempre
junto al agua nocturna e inmutable.

6

Hay tardes en que todo
huele a enebro quemado
y a tierra prometida.
Tardes en que está cerca el mar y se oye
la voz que dice: «Ven.»
Pero algo nos retiene todavía
junto a los otros: el amor, el verbo
transitivo, con su pequeña garra

de lobezno o su esperanza apenas.
No ha llegado el momento. La partida
no puede improvisarse, porque sólo
al final de una savia prolongada,
de una pausada sangre,
brota la espiga desde
la simiente enterrada.

                En esas largas
tardes en que se toca casi el mar
y su música, un poco
más y nos bastaría
cerrar los ojos para morir. Viene
de abajo la llamada, del lugar
donde se desmorona la apariencia
del fruto y sólo queda su dulzor.
Pero hemos de aguardar
un tiempo aún: más labios, más caricias,
el amor otra vez, la misma, porque
la vida y el amor transcurren juntos
o son quizá una sola
enfermedad mortal.

Hay tardes de domingo en que se sabe
que algo está consumándose entre el cálido

alborozo del mundo,
y en las que recostar sobre la hierba
la cabeza no es más que un tibio ensayo
de la muerte. Y está
bien todo entonces, y se ordena todo,
y una firme alegría nos inunda
de abril seguro. Vuelven
las estrellas el rostro hacia nosotros
para la despedida.
Dispone un hueco exacto
la tierra. Se percibe
el pulso azul del mar. «Esto era aquello.»
Con esmero el olvido ha principiado
su menuda tarea...

      Y de repente
busca una boca nuestra boca, y unas
manos oprimen nuestras manos, y hay
una amorosa voz
que nos dice: «Despierta.
Estoy yo aquí. Levántate.» Y vivimos.

La acacia

1

Me llamó, me llamaba.
Miré en el fuego y no se consumía.
Lo anegó el agua, y era más sencillo
que el agua.
En el aire fue aire, y en la tierra
fue a veces la sonrisa o el mudable
resplandor de los astros.

          Rompe el amor
la seriedad de la mañana como
la piedra ahuyenta la siesta del remanso.
Abate el bosque familiar sus ramos
y, cerrados los ojos, nos tendemos
sobre la tumba… ¿Aquí acaba la búsqueda?
No nos florece el corazón, ni cambia

el color del olvido.

                    La noche prohibida
devasta el trigal, tala los frutales,
sofoca con su velo la armonía
de las constelaciones. Ya se acerca
la aurora, sorteando
por la acera los cubos de basura:
ilesa vida abajo, intacta
entre las ruinas. Duerme
el cuerpo disponible
en su tronzado lecho de Procrustes.
No rozará la luz
al prometido de la muerte,
ni se contagiará la muerte de blancura...

Yo sólo soy el hombre que presencia
mi vida, fijos los ojos en
el guardián del jardín.
Fueron éstas las cartas
que me correspondieron en el primer reparto.
Pero alguien hay que está
viviéndome, y respira al lado mío
el aire que me sobra.

                    Vendrá un día

en que yo seré el otro
y viviré lo que ahora para él vivo.
Hoy toda dicha posible quizá sea
habitar en la estéril esperanza.

2

Ah, si la hubierais visto… Si una tarde,
sentada en la ribera, la hubierais encontrado
ajena a su vibrante mediodía
bajo la tarde, cerca de la acacia;
si a los pies del muro
encalado y los zócalos azules
os hubiese mirado de repente
a los ojos; si el soportal y el arco,
la verde lluvia, el ánfora y la yerba
indignos de ella os hubieran parecido;
si hubieseis visto el tiempo
que sorbe el corazón a las toronjas
ceñirse sin dañarla a su cintura…
Ah, si la hubierais visto,
quizá comprenderíais.

Traía el mes de mayo entre los ojos.
Iba por mayo, libre

como un olor, liviana,
desnuda como el agua, y su andar era
lo mismo que una rosa desbordante.
Iba alumbrando mirtos y gardenias;
redimía la noche con su gozo,
y sólo su presencia —os lo aseguro—
aderezó un jardín que no se acaba.
Su cuerpo era salvaje como un río,
huidizo como un río, cuya fuerza
se renueva a medida que transcurre.
Qué abandono tan íntegro: nada hubo
comparable a su entrega,
pues es casi imposible que los lirios silvestres
se abandonen así por los taludes.

Confieso que en la alcoba yo le daba
ricos nombres de pájaros exóticos,
y que ella misteriosa sonreía
como sonreiría una flor imposible.
Bien sé que, al leer esto, los censores
rasgarán sus opacas vestiduras;
pero quiero deciros que ella fue
un jazmín blanco en el follaje oscuro,
e innumerables sus caricias

igual que el mar, igual que las hojillas
que presta abril sin tino a los retoños,
y un sabor a esperanza le mojaba los besos
de cañaduz y menta a media noche...

Era tan bella que quizá el amor
no se atrevió a elegirla como víctima.
Acaso ya entendáis por qué ahora estoy
ciego como los ojos de quien a nadie aguarda;
de qué cielo he caído, de qué alado
astro, y este dolor en que me pierdo.
Ya no podrán mis versos otras tardes
de orilla a orilla atravesar las aguas
inconstantes. No hay esparcidas vides
en los viñedos,
y el ruiseñor anida
en la negra enramada del silencio.
Por eso, si lo sabéis, decidme,
¿cabe bajo la tierra
un corazón enamorado?
Pues ya comprenderéis, amigos míos,
que este amor es sin duda
una historia muy triste.

3

En soledad remota
lo que fue regocijo habita y muere.
Sólo encendido un frío fuego queda
de espaldas a la noche, y suplicantes
símbolos arduos nueva vida piden.
Pero hoy el corazón tengo anegado
de ayer, y un árbol silencioso
me cobija, sin frutos y sin hojas.
La hora de las llamas
transcurrió, amargo viento,
sin consumir del todo la esperanza.
En la acacia cantó la primavera,
mordió el amor la boca del deseo,
triunfó la sangre, bella y derrotada,
manchando la traición de los jardines.
Ya he aprendido que tiene el blanco abril
su flor, y agosto su abundancia.
Sé que el mar es eterno todavía
y sé otras cosas; pero el corazón
se me ahoga en el pozo del recuerdo.
Todo estuvo en la acacia, todo estuvo...
Ahora es la acacia el árbol del silencio.

4

Rasgó el amor, en sueños, sus ropas arrogantes
y el incipiente fruto confió a la mirada.
Lo infinito se hizo pormenor de repente;
sugestiva la tarde, como un huerto cerrado.
Es hora de adornarse con la roja dalmática
y de buscar la dicha a toda costa.
La dura náusea fue el único camino
de la estancia recíproca, del júbilo
imperioso. Hoy es todo
un alegre navío engalanado...
Alzar los ojos de felicidad
es no encontrar confines,
tan sólo verdes ríos
navegados entre juncias y hosannas.
Aquello que está lejos siempre es mar...

Son demasiadas muertes para una sola vida.
En el pequeño valle
fácilmente se vive adormecido:
la yerba medra y brilla,
las hojas se renuevan.
Bastan los juveniles remeros vïolando

la eternidad efímera del agua
y el presentimïento de la mansa ribera.
Basta la sazonada cargazón de la nave
que los fluviales bueyes embelesada guían.
¿Con qué fin extender en cruz los brazos
y levantar los ojos y la frente inspirados?
Alguien hay que madura la caricia,
dócil a abril y abierto a la hermosura.
Ni el temor de escribir sobre arena es justo
[ahora,
pues el rocío no se pierde en vano
ni el matiz de la menuda flor cae en olvido...
Sé que se va la luz sendero arriba,
pero también a oscuras y en silencio se ama.

5

Pálida el alma va de tanta espera
por los oteros, tanta ciega espera
que hace languidecer el césped y la herida
de labios entreabiertos.

Pálida el alma rinde
a un vacío sosiego sus deseos,
pero la unánime turba de las lomas

un nuevo afán le enciende,
y el alma sigue, vendimiando espinos.

Porque el momento es éste, qué gozosos
el valle renaciente a la esperanza
y el ave azul veloz de la mañana.
Porque el instante es este de los atrevimientos,
jubilosos los aires se proclaman
mensajeros, y erige el sol dorada monarquía
entre los pinos y la baja tarde.
Denme rosas de olor con que solloce
pálida el alma ya de tanta espera.
Consumado el presagio, como un eco
larguísimo se anuncia el doble paso
de tu ternura y mi enternecimiento.
El sonoro silencio, como un trémulo
cañaveral, el índice en los labios,
impera; el ágil álamo edifica
su atención, y suspira la espadaña,
flor pensativa del arroyo;
se desnuda la brisa de armonías;
en sí medita el agua su milagro;
el sueño, consumado, y la enramada,
muda, se ofrecen... Y el amor nos llega.

6

Hoy se queman los últimos recuerdos
en un atardecer de antiguas llamas.
Voces que no entendemos nos advierten
de lo que no entendemos y nos mata,
mientras la luz a su cubil retorna
póstuma y delicada.
¿Qué hacer teniendo manos todavía?
¿Esperaremos otra vez el alba,
o dejaremos que la luna venga
a llenarlas de nuevo de fantasmas?

Hoy la ciudad parece, con la lluvia,
una mano cerrada.
El ayer reverdece en la memoria
debajo de la acacia,
y el beso que nos dieron a su sombra
los labios nos abrasa.
Quién abriera paisajes
donde olvidar el alma...
Hay flores en el aire
que olvidan dar fragancia:
va envejecido mayo
y son ya todo filo las espadas.

Corazón, nos hirieron, nos hirieron.
Ya no nos queda nada
que dar, que recibir, que arrebatarnos.
Hemos oído tantas
frases de amor que ahora
se nos desploma sorda la esperanza...
Hoy se queman los últimos recuerdos
y se dicen las últimas palabras.

7

Miro hacia atrás y veo
la rosa innumerable.
¿Qué flor, única, acaso
sucederá mañana?
Abro ventanas y
súbitos miradores: nada encuentro
sino el tiempo acechante.
Se aproxima el esposo
por caminos de cera
y la lámpara está
apagada hace mucho.
Hay labios que suspiran

al quebrarse las luces:
unos labios ardientes malheridos
por besos que no son los que esperaba.
¿Es que sólo es posible abrir los brazos
y entrar en el silencio?

En una aguda noche me acuchilla
el seminal perfume de la acacia.
Paso al jardín y digo:
«Aquí basta el recuerdo:
me sentaré debajo de este árbol;
renovaré la historia.»
Pero el agua no es fiel. Desaparece,
y queda abierta, muda,
fría, la piedra de los surtidores.
Hubo música aquí, y halagos hubo...
No se inventa un recuerdo,
ni la mano ni el arma
pueden nunca inventarse.

Miro hacia atrás y veo
repetirse las rosas.
¿Cómo saber cuál era?
Porque yo busco la última

flor, la que permanece
a pesar de las flores.
Y ahora al volver la cara veo aún
el sitio donde voy
y la rosa que busco.
Desde la antigua rama
el sabio abejaruco me advirtió
a través de la sangre: «Hallarás
al destino dormido
en anillo de fuego. Amor y muerte
son sus manos. Desiste.»
Pero amaneció el día
de las consumaciones.
Ya me quemo. Ya está
clareando la tiniebla.
En tanto que haya muerte habrá esperanza.

8

Miró a mi corazón y dijo: «Aquí.
Aquí hay sitio bastante»,
y apaciguó el amor sus estorninos
sobre mis tristes olivares.

Ensanchó salas, avenidas,
la herida seca de los cauces:
desconocido quedó todo
por los pasillos familiares.
Qué cánticos de luz. Qué aromas claras.
Qué danza próxima y distante.
Cómo saltaba y florecía
por las enredaderas de la sangre.
Florecía. Saltaba. Florecía
de nuevo. Su sabor teñía el aire.
Alteradas, las ramas prometieron
redondear en frutos el instante.
¿Qué luna allí no hubiese concurrido?
¿Qué ruiseñor callara allí delante?

Ojos palparon, bocas acechaban.
Las roncas manos jadeantes
alzaron triunfos de jazmín
sobre los hombros del más frágil.
El tallo se olvidó lo que sabía
porque aprendió la flor lo que no sabe.
Oh, inesperado. Oh, anhelado.
Cuando es vivir más importante,
la lengua quiere gritar: «¡Vivo!»

(Cerrad los ojos y olvidadme.
No envilezcáis ni la alegría
de ayer, ni la tristeza que ahora hace
ponerse el sol. Todo es sagrado;
todo es fecundo y adorable.)

Porque no brotan flores de la piedra
y en Betel vence siempre el Ángel,
tañe el amor su lira de oro
a un universo irremediable.
Mudos los labios del que sepa;
muda su voz. Que sólo canten
los que en las manos tienen rosas
y siembran rosas y las pacen.
¿De qué vale la rosa imaginada
cuando hablan rosas a millares?

Yo miro manos, miro pechos,
miro relámpagos, paisajes,
nardos donde la aurora se posaba:
miré un jardín interminable.
Creció la miel que no razona
en la aridez de mis canchales.

Abrió ventanas matutinas
a relucientes pleamares…
Ya no. Ya no. Ya no encontramos
para seguir causa bastante.
Lo que ha de morir, muera; lo que ha
de pasar sin llevarnos, pase;
lo que va hacia la noche, que se oculte;
que no despierten al cadáver.
Vaya la rosa con su olor a cuestas,
el recuerdo, conmigo, y yo con nadie.

Repetiré, repetiré la dicha
que canté sonriendo, eterna, antes.
Miente la sed de quien se queda;
la verdad es de aquel que parte.
Miró a mi corazón —miraba—: «Aquí.
Aquí hay sitio bastante.»
Y de un hachazo derrocó
el olivo más alto de la tarde.

VALVERDE, 20

1

Cuando miro hacia atrás veo un día de niebla,
una puerta cerrada y un cubo con espuma.
Cuando miro hacia atrás veo una mano
que cierra las magnolias,
el mes de junio con veintisiete heridas
y un alto espejo.
Nada quiero decir que tú no sepas,
que no sepan tus anchos batallones
vestidos de amarillo.
Pero un secreto manantial me inunda…

Cuando en los cines de sesión continua
se besan los amantes y conspira
con disfraz de acomodador la primavera,
miro hacia atrás y veo lo que no era posible.

Entonces la tristeza de ojos fijos
vierte por los balcones su agua sucia
y toda la calle permanece desierta,
aunque el amor, cada mañana,
desfile con su uniforme más brillante y rozado,
exhibiendo sus lentejuelas
como una tierna *troupe* de gestos repetidos.

Nada quiero decir que tú no sepas.
Pero si los timbrazos del teléfono
despiertan la esperanza
y alteran los resignados crisantemos,
si la tarde del sábado
es una pequeña plaza con árboles y sol,
te podría decir acaso tantas cosas...

«Ven ahora. Está la casa sola, yo estoy solo,
está la luna sola
sobre el Convento de las Mercedarias.
Ven ya, quien seas...
Porque miro hacia atrás y siento miedo
al pensar que quizás esté mirando
también hacia delante.»

2

A borbotones entra
mayo por la ventana:
la tarde de pies malvas, el ruidoso
bienestar de los pájaros,
el bisbiseo de los paseantes,
una afilada voz que llama a otra
y el luminoso sí de la respuesta.
Se encontrarán. Se tomarán las manos…
Se han tomado las manos…
«Todo está bien. Todo está bien.
Mayo es una alameda.
Los nombres de las calles son jacintos
si los dice tu boca…»
                    El alma de la fuente
canta, camisa abajo, por el pecho
inexpresivo de los colegiales…
Y a borbotones entra
mayo por la ventana, olor y vida,
mientras yo me pregunto
para qué en voz muy baja.

3

Ahora ya sé que no vendrás, pues marzo
pasea su vacilante noche por las plazas,
y la ropa puesta a secar es toda negra,
y una campana agujerea las horas.
Ahora ya sé que no vendrás
a sorprender el aire con flores de granado,
ni a soltar los azules enjambres de la luna.

Me duelen de esperarte el balcón y los ojos;
pero tú estás más lejos cada día,
más hecho a cada instante de música y recuerdo.
De esperarte, no sé ya ni quién eres:
un hombro, el hombro y la mano imposible,
los labios donde todo empieza y se concluye...

Te busco en los días lluviosos
por debajo de los paraguas,
apoyado en la pared bajo las marquesinas
de las tiendas de modas.
Te busco en las terrazas de los bares,
agotado y de vuelta,
con una sonrisa minúscula al acecho.
Te busco, con la piel y con la boca,

en las paradas de los autobuses
y en las salas de fiesta
por si, equivocadamente y a deshora, pasaste.
Te busco y estoy solo —solo, solo—
cuando la tarde abate sus alisos
y libera las solemnes palomas cenicientas,
frente al Convento de las Mercedarias,
cerca de los agrios tejados y de las chimeneas,
cerca de las veletas y la pena
trasnochadora. Te busco y estoy solo
cuando la primavera, de puntillas,
se yergue como una *écuyère* por las barandas,
y en el insomne pinsapo de la noche
naufragan los calientes y secretos navíos.

Te espero, pero ya no te espero,
entre Madrid desnudo y las calles desnudas.
Con el amor desnudo, estoy sin ti y te espero,
pero ya no te espero...
Cierro los ojos y te reconozco;
cierro la voz y está gimiendo;
cierro mi corazón, y siento que me mata
la enfermedad mortal de la esperanza
de la que no me acabo de morir.

4

Cuando la belleza salta con pértiga
y bate un colosal récord de altura
a las tres y veinticinco de la tarde
en agosto;
cuando un tranvía roza la aleta de un oscuro
[coche,
al anochecer,
en agosto;
cuando unos muslos delgados
se rozan entre sí
y hacen palidecer a la madrugada
en agosto,
entonces nada se puede hacer sino estar triste,
sino clavar, tristeza,
tu nombre en las esquinas,
sino buscar un largo *sautoir* amarillo
y una ruda y verdegay rama de alerce
otra vez para nada.

Cuando alguien enseña
su pequeño álbum de fotografías,
y se detiene el tiempo en unos labios,

y hay unos labios deteniendo las flores,
el aroma rosado de las flores,
el cielo enrojecido
y el infierno y su aroma
y la boca por la que se quisiera respirar
o haber expirado para siempre,
y morir y morir y morir,
ah, entonces,
qué otra cosa sino estar triste cabe,
sino desvanecerse por el aire,
debajo de las axilas del encanto,
sobre el estrecho vientre de la dicha,
entre los agudos pechos de la noche...
Así, amor, así:
en tu sangriento pecho.
Porque sin duda estamos en el último día;
pero
¿qué pasará, qué pasará mañana?

Quien ha visto sorber el decimosegundo
ginfizz a la belleza,
quien ha guardado en el último rincón
la moneda de cobre
y el diamante y la margarita,

quien ha tenido más cerca de lo que puede
                                        [decirse
los dientes que están hechos para devorar, y sin
                                        [embargo
no ostenta ni una herida,
ni una herida prestada,
ni la más tenue sombra de una herida,
ni el olor de la más pequeña herida
de un amante en su cuello,
ni la huella morada de unos dientes
sobre la clavícula izquierda,
ni un arañazo en la cintura,
ni un desollón por caridad en la boca...
Entero, y así siempre.

Aunque la primavera
enloquezca a los autobuses de dos pisos
y en el asfalto brote
un nardo perturbado;
aunque un deslumbrador soplete de oxiacetileno
nos esté acribillando las mañanas,
las mañanas que huelen a pan recién cocido
y a hoguera encendida con madera de enebro,
en las que todo es una tahona fresca,

una mano fresca, una jarra de agua bien fresca,
una rosa recién nacida,
antes de que el sol reverbere
jadeante contra los blancos azulejos.
Esas mañanas en que termina el día
y empieza el buen día siguiente,
en las que se puede reposar y decir:
«He aquí que ya está todo cumplido.
He aquí que ya está todo otra vez disponible…»
Ay de aquel cuyas sienes
conocen el gusto de la mandrágora.
Ay de aquel que se sabe de memoria
las bienaventuranzas, y opina sin embargo
que es preciso aguardar con las manos abiertas.

Cuando se hayan esfumado ya los cláxones
y los semáforos estén callados como muertos,
quizá la más muda belleza
diga su definitiva palabra.
Pero hasta entonces
las quemantes caderas del estío
se moverán sobre la pasión del oleaje,
y sólo queda acariciar la ardiente arena,
sofocarse los ojos con la arena,

darse un hachazo en las muñecas,
desentenderse de esta fragancia de mayo
que hay en diciembre,
y repetir en cada amanecer,
en cada amanecer intacto igual que un fruto
no maduro en exceso:
«Éste es, éste es el verdadero último día;
pero di, corazón, ¿qué pasará mañana?»

5

ALARGABA LA MANO Y TE TOCABA

Alargaba la mano y te tocaba.
Te tocaba: rozaba tu frontera,
el suave sitio donde tú terminas,
sólo míos el aire y mi ternura.
Tú moras en lugares indecibles,
indescifrable mar, lejana luz
que no puede apresarse.
Te me escapabas, de cristal y aroma,
por el aire, que entraba y que salía,
dueño de ti por dentro. Y yo quedaba fuera,
en el dintel de siempre, prisionero
de la celda exterior.

La libertad
hubiera sido herir tu pensamiento,
trasponer el umbral de tu mirada,
ser tú, ser tú de otra manera. Abrirte,
como una flor, la infancia, y aspirar
su esencia y devorarla. Hacer
comunes humo y piedra. Revocar
el mandato de ser. Entrar. Entrarnos
uno en el otro. Trasponer los últimos
límites. Reunirnos...

Alargaba la mano y te tocaba.
Tú mirabas la luz y la gavilla.
Eras luz y gavilla, plenitud
en ti mismo, rotundo como el mundo.
Caricias no valían, ni cuchillos,
ni cálidas mareas. Tú, allí, a solas,
sonriente, apartado, eterno tú.
Y yo, eterno, apartado, sonriente,
remitiéndote pactos inservibles,
alianzas de cera.
                    Todo estuvo
de nuestra parte, pero
cuál era nuestra parte, el punto

de coincidencia, el tacto
que pudo ser llamado sólo nuestro.

Una voz, en la calle, llama y otra
le responde. Dos manos se entrelazan.
Uno en otro, los labios se acomodan;
los cuerpos se acomodan. Abril, clásico,
se abate, amparador de los encuentros.
¿Esto era amor? La soledad no sabe
qué responder: persiste, tiembla, anhela
destruirse. Impaciente
se derrama en las manos ofrecidas.
Una voz en la calle... Cuánto olor,
cuánto escenario para nada. Miro
tus ojos. *Yo* miro los ojos *tuyos*;
tú, los *míos*: ¿esto se llama amor?

Permanecemos. Sí, permanecemos
no indiferentes, pero diferentes. Somos
tú y yo: los dos, desde la orilla
de la corriente, solos, desvalidos,
la piel alzada como un muro, solos
tú y yo, sin fuerza ya, sin esperanza.
Idénticos en todo,

sólo en amor distintos.

La tristeza, sedosa, nos envuelve
como una niebla: ése es el lazo único;
ésa la patria en que nos encontramos.
Por fin te identifico con mis huesos
en el candor de la desesperanza.
Aquí estamos nosotros: desvaídos
los dos, borrados, más difíciles,
a punto de no ser... ¿Amor es esto?
¿Acaso amor es esta no existencia
de tanto ser? ¿Es este desvivirse
por vivir? Ya desangrado
de mí, ya inmóvil en ti, ya
alterado, el recuerdo se reanuda.
Se reanuda la inútil exigencia...
Y alargaba la mano, y te tocaba.

6

POEMA DEL 17 DE OCTUBRE, DÍA DEL AMOR

Tú naciste, como la aurora,
sobre las flores amarillas.
El signo virgo te otorgó

a la luz de la medianoche,
y traías los ojos oblicuos e infantiles,
los dientes de una azúcar congelada,
manos de cereal innumerable,
turbada piel de fruta y tallo verde.
Todo en ti natural era y magnífico,
todo primero en ti y recién descubierto:
la cantárida, el cuarzo, la azalea,
el transparente amor de las medusas.
Rey majestuoso y fácil, te movías
entre las más humildes sabandijas
de esmeralda o zafiro o de ágata listada,
entre el lagarto súbito
y el agudo cristal del escorpión,
entre el fino relámpago
del alicante y el pulido ciempiés de venturina.

Sobre las flores amarillas
te dieron a elegir
entre el clavel y el *whisky sour* derramado
sobre el artificioso diván de terciopelo;
entre el bosque de otoño
y la Casa de la Moneda.
Mediste tú, pesaste tú,

contaste tú con el ábaco, el rasero y la balanza.
Con ojos vegetales mediste, con torcaces
dedos de vuelo libre numeraste,
con la vida a raudales desbordándose
de ti tomaste en peso,
y quedaste desnudo haciendo guardia
en la Casa de la Moneda,
sonriendo a los preocupados
con los hombros de caracoles
llenos y de brillantes areniscas,
salado el torso y enredadas
a la cintura las oscuras algas.
Acorralaste a la felicidad con ojos negros.
Y fue tuya sobre la tierra,
y le arrancaste besos y caricias
como espinas o escamas plateadas,
y le gritaste «rómpete» y se abrió
igual que una bandera de diamantes,
arrastrando su cola de plumas soleadas
por todas las bahías, las ciudades, los cárdenos
campos del azafrán y el abandono.
Y se abrió sobre las lagunas,
en las trémulas esferas del rocío,
diseminando el junco y el mastranzo,

el perfumado esfuerzo del poleo,
el sudor de la jara moteada,
multiplicando las estrellas...
Nadie logró saber tu razón ni tu causa
ni el porqué de tu extraño quitasol de colores.
Pero aquellos que se miraron a los ojos entonces
pudieron comprenderse.

Ahora está la penumbra desordenada ya,
desanudados los sépalos del beso,
sembrada la discordia del milagro,
torcido el surco, suelto el manantial,
premeditado el filo del cuchillo,
consumada la cal sobre la herida...
Ahora ya no es posible vivir como vivíamos.

7

POEMA AL 16 DE DICIEMBRE, DÍA DEL DESAMOR

Fuiste una larga noche de berilos.
Se abrieron a tu paso las colinas
desvalidas, midiendo tu inclemencia;
quebró la verde rama un viento frío;

coagulaste el oriente de las perlas;
apagaste al llegar la adelfa y los narcisos.
A tu presencia, en los pintados techos,
se desmayó el raptor, murió la danza
y dejaron caer su alegoría.
En medio del misterio se rasgó la caoba
del violín
y el desvarío de las cornucopias.
Angustiaste hasta a aquellos que dormían
y soñaban mañanas apacibles.
Encaneciste el lecho de las hullas.
Vertiste en los topacios
una gota de sangre, y el carbúnculo
aún palidece si acaso se te nombra.
Sin voz dejaste al ciprés, desorbitados
los astros, trastocadas las mareas,
tronchada la invencible terneza del gladiolo...

Fuiste un puñal agudo de obsidiana.
Al ciego le encendiste
espinas en los ojos,
y entraste a saco al pecho del amante.
Todo fue amargo. Todo fue terrible.
No comprendió el amor

quién le manchaba el beso de ceniza,
ni las amas de casa comprendieron
quién abatió las lámparas
y en el vasar los platos hizo añicos.
Todo fue como un grito a media noche.
Trajiste por sorpresa la afilada
consigna de prender fuego a los ríos
y atacar por la espalda a la obediencia,
de apuñalar a las palomas,
de hundir, de destronar,
de quedarte de pie reinando en tu tiniebla.
Fuiste el dolor no presagiado, el ansia
de los estrangulados sin motivo,
el barro negreando entre la nieve,
el tapir que destroza la seda de la tarde
con su mugido, el niño ensangrentado...
Hendiste, como un clavo, el corazón.
Como el gélido clavo de la muerte.

8

Un espejo en la sombra
suele aguardar un repentino advenimiento.
Pero a veces se pierden

el aliento y el color de los ojos
y la costumbre de mover las manos,
y entonces no sabemos qué es aguardar siquiera.
Sucede cuando no estamos seguros
de ser el reflejado por los escaparates;
cuando giramos la cabeza
hacia quien no nos ha llamado y sonreímos.
Sólo aquello que amamos nos distingue
en medio de la noche.
Es amar y tender las manos
lo único que, por tanto, puede hacerse.
Suele ocurrir en mayo o junio,
cuando el sol va muy alto
y buscamos con ansiedad entre los árboles
sin saber con certeza qué,
y nos inquietamos diciendo «cuánto tarda»
sin habernos citado antes con nadie.

Sólo aquello que amamos
es capaz de decirnos quiénes somos.
Suele ocurrir en mayo o junio,
y hay quien se enamora de sólo una palabra
y quien se enamora de unos labios cerrados.
Pero es preciso andar sin preguntar adónde

hasta sentir la voz que llama desde lejos,
y que repite un nombre que ignorábamos,
y ese nombre es el nuestro,
y es a nosotros a quien llama.

9

Quizá el amor es simplemente esto:
entregar una mano a otras dos manos,
olfatear una dorada nuca
y sentir que otro cuerpo nos responde en
                                    [silencio.

El grito y el dolor se pierden, dejan
sólo las huellas de sus negros rebaños,
y nada más nos queda este presente eterno
de renovarse entre unos brazos.

Maquina la frente tortuosos caminos
y el corazón con frecuencia se confunde,
mientras las manos, en su sencillo oficio,
torpes y humildes siempre aciertan.

En medio de la noche alza su queja
el desamado, y a las estrellas mezcla

en su triste destino.
Cuando exhausto baja los ojos, ve otros ojos
que infantiles se miran en los suyos.

Quizá el amor sea simplemente eso:
el gesto de acercarse y olvidarse.
Cada uno permanece siendo él mismo,
pero hay dos cuerpos que se funden.

Qué locura querer forzar un pecho
o una boca sellada.
Cerca del ofuscado, su caricia otro pecho exige,
otros labios, su beso,
su natural deleite otra criatura.

De madrugada, junto al frío,
el insomne contempla sus inusadas manos:
piensa orgulloso que todo allí termina;
por sus sienes las lágrimas resbalan…
Y, sin embargo, el amor quizá sea sólo esto:
olvidarse del llanto, dar de beber con gozo
a la boca que nos da, gozosa, su agua;
resignarse a la paz inocente del tigre;
dormirse junto a un cuerpo que se duerme.

Maitines

Callad, amantes, y ocupad el labio
con el beso. No pronunciéis palabras vanas
mientras se busca vuestro corazón
en otro pecho, jadeante y pobre
como el vuestro,
ya al filo de la aurora.

Cuando te poseí por vez primera
tocaban a maitines
en el Convento de las Mercedarias.
La tiniebla del aire estremecieron
repentinos palomos alterados.
Titubeante el alma sonreía,
sin comprender por qué, en torno a tu cintura.
Y luego, hasta la alcoba recién inaugurada,
fueron entrando laudes y alabanzas
que mi alma repetía con orgullo
suavemente en tu oído.

Callad, amantes, y ocupad
el labio con el beso.

Baladas y canciones

1

Agua me daban a mí

Agua me daban a mí.
Me la bebí.
No sé qué cosa sentí.

A orillas del mar amargo,
por el alba de abril,
labios de arena y espuma
agua me daban a mí.

La llama contra la llama,
el clavel sobre el jazmín,
al mediodía de agosto
me la bebí.

En qué breñal se echaba
la tarde a malmorir.
Cuando se helaron las fuentes
no sé qué cosa sentí.

2

A PIE VAN MIS SUSPIROS

A pie van mis suspiros
camino de mi bien.
Antes de que ellos lleguen
yo llegaré.

Mi corazón con alas
mis suspiros a pie.

Abierta ten la puerta
y abierta el alma ten.
Antes de que ellos lleguen
yo llegaré.

Mi corazón con alas
mis suspiros a pie.

3

No por amor

No por amor, no por tristeza,
no por la nueva soledad:
porque he olvidado ya tus ojos
hoy tengo ganas de llorar.

Se va la vida deshaciendo
y renaciendo sin cesar:
la ola del mar que nos salpica
no sabemos si viene o va.

La mañana teje su manto
que la noche destejerá.
Al corazón nunca le importa
quién se fue sino quién vendrá.

Tú eres mi vida y yo sabía
que eras mi vida de verdad,
pero te fuiste y estoy vivo
y todo empieza una vez más.

Cuando llegaste estaba escrito
entre tus ojos el final.

Hoy he olvidado ya tus ojos
y tengo ganas de llorar.

4

La niña que amores ha
sola cómo dormirá

Marqués de Santillana

¿Qué romeros pisará,
qué tomillos, qué cantuesos,
si está apartada y sin besos
la niña que amores ha?
En cada noche quizá
salga a correr los alcores,
porque, si pena de amores,
¿sola cómo dormirá?

Bajo la gentil floresta
al amado va buscando
y va la noche dejando
morir su voz sin respuesta.
Y como amor alas presta
al pie de sus afligidos,

por escala de gemidos
sube la niña su cuesta.

¡Qué triste la serranilla
quebrando vidrio en fontanas!
¡Cómo alarga las mañanas
el sol de su pesadilla!
Tierno corazón de arcilla,
cautiva y dulce amapola,
¿qué niña ha de poder sola
dormir sobre esta parrilla?

5

Antes, amor, de que te olvide
quiero decirte que te amo
como la tarde fugitiva
al fugitivo don del pájaro.

Huye la sangre de la herida,
de la congoja acaba el llanto.
Ni el dolor dura ni su encono
más que el susurro del vilano.

El olmo, mástil de hermosura
en la amarilla mar del campo,

no embota el filo de noviembre
ni se resguarda de su látigo.

La pasión que perpetua nace
no dura más que un mes de mayo,
y la mejilla de la rosa
se dobla al golpe del verano.

Del arco y ramo de colores
desde las nubes derramado
florece el álabe y no grana
entre la fronda del espacio.

Fugaz, el orto de la luna
del cielo albea los collados:
así del beso interminable
ni el ansia es firme ni los labios.

Un parpadeo de fragancia
posa el azahar sobre el naranjo,
y el mirlo, que abre y cierra el bosque,
una brizna es, no más, de cántico.

Sólo el olvido permanece,
monarca oscuro y delicado.

Por eso, amor —ya viene el día—,
quiero decirte que te amo.

6

Si el aire mueve la rama,
¿quién la podrá detener?

Bajo la quieta retama,
al atardecer,
tú dijiste: «Si me amas,
yo te amaré.»
Ayer.

Hoy mueve el aire la rama,
¿quién la podrá detener?
Si el aire la mueve, ¿quién?

7

Ya entiendo, sí, ya entiendo:
el corazón se gasta.
Cantan árboles trémulos,
el corazón no canta.

Yo viví como mía
la vida que me dabas.
Disponías el bosque,
esparcías la escarcha,
soltabas a la alondra
risueña de la jaula
de tu pecho, reías
y brotaban las aguas.

Canta la tenue yerba
y la tarde en las cañas.
Ya entiendo, sí, ya entiendo:
el corazón se apaga.
Porque dijiste «amor»
abrió mayo sus salas
de hermosura. Ya entiendo:
hay nidos que no cantan.
En los dulces panales
la hiel me preparabas.

Vayan verdes sonrisas
madurando en las ramas
nuevas. Busco unos ojos,
sólo encuentro miradas.

Al tallo, arriba, mustia
la flor se le desgana.
Ni tus labios supieron
cuál era la palabra
que alejaba la noche
con los dardos del alba.
Tus labios no sabían;
los míos la callaban.
Ya entiendo, sí, ya entiendo:
la deshora es llegada.

A su agudo noviembre
dedico mis baladas
de ayer. Como las tuyas
conocí sus pisadas.
En mi pecho marchito,
donde brilló tu escarcha,
como rosa indeleble
se va abriendo una llaga.
Ya entiendo, sí, ya entiendo:
el corazón se acaba.

8

Tú, hueso de mis huesos,
mi primera mañana.
Boca primera, pecho
primero que tocaba.
Despertar de mi sangre
por la más alta rama.
Eva dormida, en mi
costado recostada,
hija de mi costado,
madre de mi esperanza.
Ayuda mía fuiste,
compañera y hermana
menor, ayuda mía
conmovedora y clara.
Todo lo comprendí
a través de tus blancas
demostraciones. Todo
era rosa temprana.
Yo me abandonaría
si a ti te abandonara;
me encontré con el mundo
cuando a ti te encontraba.

¿Cómo quieren que olvide
tu silencio y tu calma,
el tranquilo abril que
floreció en tu mirada?
¿Cómo puedo olvidarte?,
¿O es que se olvida el alma?

9

Bajo qué ramas, di, bajo qué ramas
de verde olvido y corazón morado
la roja danza muerde tus talones
y te estrechan amantes amarillos.

Desde qué repentina lontananza
giras, me nombras, saltas entre el aire,
mientras yo permanezco absorto en sueños
aún dormida creyéndote en mi alcoba.

Qué plateada tristeza te reviste,
si alegre hasta tu alegre voz acudo,
los pies descalzos, para entrelazarme
al paso de tu danza apresurada.

Dónde te vas cuando te vas y lloran
las colinas, a solas con tu nombre

para siempre, hasta oír al lado mío
tu voz que me pregunta a quién aguardo.

10

Qué dolor de la verde grama,
qué dolor,
si no la seca el amor.

El claro amor me llama,
pasados los caminos,
bajo los altos pinos,
sobre la verde grama.
Hasta el zarzal se acama
cuando me ve contigo,
el cardo se hace amigo,
la ortiga se amadama.

Qué dolor de la verde grama,
qué dolor,
si no la seca el amor.

La noche se derrama
caliente por tu pecho;
sediento y al acecho,

su oscuro ciervo brama.
El agua te reclama,
mi corazón te ciñe:
un dejo de azul tiñe
el monte y lo embalsama.

Qué dolor de la verde grama,
qué dolor,
si no la seca el amor.

Antes de que esta llama
el otoño destrence,
llega el amor y vence
al lado de quien ama.
Tú, la cuajada rama;
mi corazón, la piña:
racimo de tu viña,
olor de tu retama.

Qué dolor de la verde grama,
qué dolor,
si no la seca el amor.

11

SEVILLANAS

Aceituna en invierno,
trigo en verano.
No te tardes, bien mío,
que yo te llamo.

Que yo te llamo, niña,
que yo te imploro
y rebosan las ramblas
con lo que lloro.

    Cuando suspiro,
    hasta el aire me amarga
    si no te miro.

    Ay, qué tormento,
    que me duela hasta el aire
    si no te siento.

Azahares en marzo,
limón lunero,
quién pudiera decirte
cuánto te quiero.

Tanto te quiero, niña,
tanto te amo,
que en cuanto el mar sea mío
te lo regalo.

Cuando suspiro,
hasta el aire me amarga
si no te miro.

Ay, qué tormento,
que me duela hasta el aire
si no te siento.

Olivo en la campiña,
pino en la sierra.
Negritos son los ojos
que a mí me queman.

Que a mí me queman, niña,
que a mí me matan,
y la flor de mi almendro
la desbaratan.

Cuando suspiro,
hasta el aire me amarga
si no te miro.

Ay, qué tormento,
que me duela hasta el aire
si no te siento.

Arroz en la marisma,
pita en la arena.
Mi corazón amante
muerto de pena.

Muerto de pena, niña,
muerto de duelo,
deshojando la rosa
del desconsuelo.

Cuando suspiro,
hasta el aire me amarga
si no te miro.

Ay, qué tormento,
que me duela hasta el aire
si no te siento.

La deshora

1

¿Y qué habré de decir para que entiendan
los nardos que ya todo ha concluïdo?
¿Qué palabra podría convencerlos
de que no es tu llegada lo que aguardo?
Se abren las luces nuevas y murmuro:
«Hoy no diré su nombre.
Estoy en el pasado. Hay que partir
a buscar pastos nuevos.» Pero el alma,
enferma y distraída, no me sigue
y se queda extasiada en tus praderas.

¿Qué puedo yo contra esta voluntad
de estarme con tu olor y tu recuerdo?
¿Cuenta acaso mañana para quien
vivió hasta ayer su tierra prometida?

En la llanura no aparece el nuevo
pastor imperativo
y hacia el anochecer, indestructibles,
manejo pruebas de papel y seda.
Cerca pasan el agua y la sonrisa:
el pasado es lo único que anhelo.
«Esta sangre —me digo—
debiera ser de piedra»,
mas sé que he de olvidar lo inolvidable:
llegarán otras manos y otra boca,
otra cintura borrará la tuya.
Pero hoy debo decir a los amantes
que, donde quiera que tú estés, te amo.

2

Hoy quisiera soñar con azaleas.
Oprimir unas manos en la aurora
tiene un precio tan alto. Se entretiene
la palidez sobre el lucero y trinan
confusamente ruiseñor o alondra:
el corazón se hace el desentendido...
Nada puede olvidarse. Aquí está todo.

Y sucede que el tiempo
comienza a distraerse
como un niño camino de la escuela,
que se atrasa y retorna
por el guijarro o por la hormiga y
avanza un poco, sólo
para poder volver
de nuevo y demorar
el momento fatal de la llegada.

Oprimir unas manos en la aurora
es voltear el rostro
hacia lo que nos ha desamparado
sin irse, sino que
se introdujo en la sombra
fría de los desvanes y ahora baja
secretamente a la reunión nueva,
de repente encendido,
a alumbrar con sus llamas el paisaje
de hoy tan soñoliento. Brama el río
del recuerdo. Se seca la esperanza.
El contorno, cuya caricia viva
brota como la flor del arrayán,
se confunde con otros anteriores,

también de madrugada e indecisos
por la mitad de marzo.

                    Dentro de esta
espesa agua, muévense las manos
antiguas torpemente hacia las nuevas
manos y se interponen. ¿Es acaso
aquella flor la que aparece ahora
en estos ojos? ¿Soy acaso yo,
el que oprime esta mano,
el mismo que oprimía
ayer otra distinta? ¿O no hay más que una
mano y mi sueño es lo que muda?
¿Todo es igual y siempre?

                       Un momento
más y amanecerá.
Tendrá que alzar el vuelo
el viejo azor de esta reciente alcándara.
Todo estará más claro:
sonreirá la boca del amante,
buscarán los recuerdos su acomodo,
se nublarán los cielos de la alcoba...
Sólo un momento más y estaré triste,
como antes, otra vez.

La mano confiada, en vano libra
su voluntad de ser que, como un pájaro,
salta desde su palma
a la de la otra mano que la oprime.
Esta mano, una mano:
todo es igual mientras se aguarda el día.
Todo es igual; pero hoy, hasta que llegue,
apretados los párpados,
a viva fuerza si es preciso, hoy
yo quisiera soñar con azaleas.

3

Puede a veces un nombre
completar un paisaje. Casi nada,
unas letras tan sólo
y puede, sin embargo, dar sentido
a una tarde que va
bogando a la deriva.

                        Pero ¿qué
nos importan los nombres? Ahora estamos
en esa hora terrible en la que cuentan
las manos y la piel. Ya no podemos

sentir por vez primera. La libélula
vibra, no obstante, apenas sobre el agua.
(«¿Hay un árbol sin nombre? ¿Existe el árbol
sin nombre todavía?») Cuánta vida
hemos andado para al fin llegar
a esto. Nos volvemos
y hay dos jóvenes bocas que se acosan
debajo de la encina, en abril, cuando
son tiernas las estrellas.
¿Verdaderamente es ser lo que importa
o importa más llamarse?

                Hemos perdido
el nombre que tuvimos y llenaba
el mundo. Ese nombre que nos dieron
aquellos labios y éramos nosotros.
Únicamente en las ajenas voces
comprendemos cuál es el nombre nuestro,
y en las manos ajenas
la suavidad de nuestras propias manos.
Se nos cansa el deseo y la memoria.
La piel se espesa y no permite el dulce
bienestar: desconfía,
se sabe de memoria las respuestas.

¿Qué queda, pues? Tendemos las miradas
como un puente y no hay río que cruzar.
En la altamar estamos:
de nada sirve andarse por las ramas;
ya no hay árbol sin nombre. La esperanza
recita su papel
distraída como una prostituta.
(Y es cierto, sin embargo, que podría
un nombre, de repente,
completar un paisaje.)

                    La aventura
se despereza, cada amanecer,
como un ruido de esquilas en el campo.
Nuestros oídos no la escuchan. Piensan
que es mejor amarrarse
al mástil de su barco. Ese país
hacia el que vamos es
una pequeña isla, y reinaremos
en nuestra isla a oscuras y seguros.
Lejos de todo. Lejos de nosotros,
que somos nada más
el nombre que nos daban y este viaje.

Qué inservible reinado
el de cortar los arrayanes
sin pensar en un nombre. Abandonadas
las cinturas, pasean olvidados
de sí los que se aman; nada tienen
sino su nombre.

                    Es hora
de cerrar las ventanas y de echarse
a llorar sobre aquellos
que fuimos. Hora de
aprender ya que el corazón es sólo
un pájaro que llama y que responde.

4

Cuando a veces, de noche,
se cierra una ventana
pensamos que la luna
no tardará en abrir
sus pétalos de cera y de promesa.
Aguardamos que surja
una nueva manera

de entrelazar los dedos. Y decimos
a aquellos que se cruzan con nosotros:
«La primavera vuelve siempre.»

                                        Y no
queremos darnos cuenta de que está
el ángel impasible
contando los fracasos.
¿Para qué amoldarse a las costumbres
de un nuevo ser si siempre se está a punto
de olvidar, en el ápice del beso,
qué boca es ésta, qué sabor es éste?

La soledad, oscuro espejo, cierra
las puertas de su reino,
del que, de cuando en cuando,
nos parece que huimos. Mas ¿quién puede
decir que no está solo?
En la raíz se halla la vida y
es la raíz la soledad del árbol.
En ella se concluye
el sangriento milagro de estar vivo,
o querer estar vivo
a pesar de diciembre.

Caminamos

de una vida a otra vida,
no de un pecho a otro pecho:
de la gozosa fiesta hasta la víspera
en la apartada cámara sellada,
por un itinerario
inverso al de la savia generosa:
de fuera adentro, de la compañía
hacia la infausta soledad que somos.

5

¿Podré decir: «Dame tu mano» un día?
¿Podré decir: «Todo está bien, por fin
todo está bien», un día?
Noche tras noche te he esperado
en desprovistos cuartos de ciudades
circundadas por ríos,
con la mirada sigilosa
fija en el techo y una dura mano
de soledad asida a la garganta.

Te esperé, amor, en plazas recorridas
por opulentos mediodías, mientras

se inundaban de ti los soportales
y, descalzo en la piedra, tú cruzabas
sin mirarme siquiera.

Me apoyaba en columnas protectoras
para esperarte. Me apoyé en antiguas
almenas, para verte
llegar desde más lejos.
Me apoyé sobre arenas soleadas,
por si era acaso el mar quien te traía.
Acaricié mejillas falsas, falsos
labios en flor, que se desmoronaban
cuando el botón apenas se entreabría.

Y hoy, en una ciudad
desconocida, en una transitoria
habitación, de nuevo te pregunto
si te podré decir:
«Dame la mano» un día.
Entre unas sábanas extrañas, entre
una tristeza demasiado grande
para una sola vida, escucha, escucha,
después de pasear sin compañía
por la orilla de un lago —tú comprendes—

quiero saber si yo tendré derecho
a decir una vez: «He aquí que llega
finalmente mi parte de alegría.»

Porque si no, responde:
¿para qué tantos lagos y secretas
estancias, para qué tantas ciudades
circundadas por ríos? Si no, amor,
¿para qué tanto abril y tanta vida,
tanta pasión sin fruto y sin respuesta?

6

Hay miradas que hacen
florecer el jardín.
De repente nos miran y decimos:
«Debe estar al venir la primavera.»
Pero un anhelo nos impulsa siempre
más allá de las flores: es difícil
conformarse al deseo
que nos fue concedido.

«Ahora estamos los dos desencantados:
por fin, amor, llegó
el tiempo de los besos.»

Sé de un jardín donde el amor derrama
dorados gestos. No
hay palabras allí: quedaron dichas
las veces anteriores.

Gesticula el amor e incendia los
arriates; pero la oscuridad
se desploma de pronto
cuando se inmoviliza. Entonces queda
una tediosa geografía, cuyos
abismos nos sabemos de memoria.

Noche a noche la vida se dilata
con rosados pretextos.
Mas el instante llega en que Schariar
se resiste a escuchar nuevas historias.
Y amanece la sangre sobre el lecho
y el anhelo nos lleva, como siempre,
más allá del jardín.

7

Al principio es un suave pensamiento.
Alguien pasa y decimos: «Es posible

coger la luna con la mano.» Luego
intentamos en vano recordar
un caracol marino, cuyo nácar
tuvo el mismo color de la alegría.

«Es posible —dijimos—
coger la luna con la mano.» Porque
al principio todo es
un suave pensamiento.
Sólo más tarde, cuando
se quiebre en dos el día luminoso,
y se incendie el henar
de oro, y la mañana
vaya, dando un rodeo, hacia los montes,
se inflamarán los cedros
y se enrojecerán los lirios blancos.

Arderá toda nieve.
Al mediodía, cuando las fogatas
en los ojos pronuncien su rebelde
secreto. Por los cándidos ejidos
hay una voluntad que se dirige
hacia la baja tarde, en el camino
del agua que no acaba. ¿Dónde están,

dónde fueron los suaves pensamientos?
Ardor, ardor, ardor cerca del agua.

Desnudo de misterio,
debe alejarse quien
ocultaba su nombre,
bordada la paloma
aún sobre su pecho. El cisne aguarda
varado entre los juncos. Elsa, fría,
ve partir a quien va
en busca de inocencia.
Antes no supo un nombre,
ni una raza ni un pueblo;
ahora queda a la orilla
del ardor. Se va el mundo.
Entre sus manos, sola,
queda la fruta del conocimiento
de igual color que la tristeza. Lenta
la noche invade el valle.
Todavía un aroma está presente:
he ahí su castigo.

Después de la caricia,
el barro se nos queda entre los dedos

como a algún alfarero distraído
que todo el día hubiera trabajado
pensando en el reposo.
«Quizá amanezca nuevamente», dice
una apagada voz en la desierta
deshora. Pero estamos
seguros de que no amanecerá.

Y no hay más. Eso es todo: alguien que pasa
y un suave pensamiento.

8

Aún queda el sol. Aún hay
cuerpos que, enardecidos, mezclan
sus morenas riquezas.
Aún el verano, vigilante, impone
su monarquía y un olor ileso
en la tarde difunde la memoria
del abrazo y el júbilo.

Alguien dijo: «Paisaje no hay que sea
como un cuerpo. El mar, la flor, el árbol
nunca son más hermosos

que un cuerpo, terso y joven, desplegándose
en busca de caricias.
Desde la tierra, sí, bajo la tierra
viene el reposo; pero
no hay paisaje que pueda compararse
a un cuerpo que descansa y nos sonríe
tendido al sol, desnudo como un cántico,
encima de la tierra.»

Aún vibra el sol. Pero han cargado al sueño
de cadenas. Rendida, la esperanza
ha cerrado los ojos.
Ya nunca, no, ya nunca. Habrá fuego en los
                       [párpados
que el beso postra y calma;
en otras manos vírgenes
madurarán caricias; será todo
como antes; como siempre seguirá
la vida su furiosa
carrera, sí, habrá luz en los párpados,
perseguirán los labios otros labios
de sonrisa en sonrisa… Pero nunca,
no, nunca más seremos los que fuimos.

Cuántas palabras
para llegar por fin a este silencio.
Para llegar a esta quietud de ahora
cuántos gestos baldíos.
Qué amargo es el consuelo
de sentirse seguro con las manos vacías.
No habrá pérdidas nuevas:
ya se ha perdido todo
menos esta fatiga
de ser tan sólo nuestros.

¿Y dónde está la muerte?
¿Nos está prohibido morir? Sí, nos está
prohibido, porque la muerte es cosa
de la vida y nosotros,
alma, agotada mía,
nosotros no vivimos.

9

«No es esto, no, tampoco es esto.»
Y seguimos buscando acongojados
en la gran arca abierta

el menudo recuerdo, y atestamos
la casa entera, antes blanca y vacía,
de objetos inservibles.

«No es esto, no, tampoco es esto. Debe
de estar más en el fondo.» Y arrancamos
todas las velloritas,
y levantamos los macizos todos,
mirando arriba, abajo, a la derecha
y a la izquierda, exhaustos y marchitos,
casi embriagados de
girar en el vino generoso
de la pesquisa… Y cuando
llega la noche nos sentamos en
un pequeño escabel, como el de un niño,
desalentado el corazón y a solas.
Para saber de pronto que la noche
era lo que buscábamos.

10

Si sostengo una mano entre las mías
y hay en mi pecho auroras impacientes,
si ya está todo en orden, ¿qué más puedo

pedir? ¿Qué es lo que falta?
Qué oscuro surco es este que germina
dentro de mí y se agranda y me devora
y me deja, a la tarde, entre tinieblas,
triste y a solas de repente, en medio
de una frase de amor; este murmullo
que parte en dos el beso, y se levanta
débil como un botón de rosa, y luego
a llamaradas, a mordiscos llena
de heridas la hermosísima promesa.

Alguien sonríe al lado mío.
¿O es dentro de mí? Yo,
sin saber por qué, miro
a la mar otra vez:
en esta playa un niño
jugaba a levantar torres de arena.

11

Está dormido junto a mí,
pero ya no es el que era.
Se fue lejos y yo
más lejos. Acaso tome en sueños
mi mano, mas ya vaga por el mundo

de los muertos, por otro mundo
de otros muertos...
                    Entretanto yo
me fumo un cigarrillo
y escribo estos renglones.
No es lo que era, sus ojos
no deslumbran. Respira y no me quema.
Su cuerpo es una ropa a medio usar.
Yo gritaría, lo llamaría a voces,
lo arrastraría a mi lado...
No obstante, ¿para qué?
Erige la deshora
su cristal frío entre los labios, y hace
caer las altas torres presentidas.

¿Será imposible despertar? ¿Será
imposible sustituir la palabra
que no acaba de arder? Despertaría
y habría de preguntarse: «¿Dónde estoy?
¿Ésta es mi casa, estos
hombros son míos y estas manos?»
¿Qué se hicieron los sueños
en que el amor duraba,
y estábamos despiertos y soñábamos,

y era todo evidente
como los ojos de un niño pequeño?

Ahora ya sí estoy solo.
Hay gestos que no deben repetirse.
Vuelvo a pensar en ti
pero no voy a ti, y no vienes
tú a mí, enemigo íntimo, ni escucho
tu voz entre las cosas, deslizándose
igual que un ancho río
inmune y confortante...
Un cuerpo duerme indiferente al lado
mío y un alma duerme indiferente dentro
de mí. Sin pesar ya y sin gozo.

12

Cuando el amor, ese desesperado
afán de no estar solo,
tiñe de azul mi corazón,
y se acercan a mí
todas las criaturas de su mano,
de repente me asalta
una imprevista furia por seguir
siendo yo solamente, pobre y frío

yo, en mi desmantelada
guarida, que ni para ser
sepulcro sirve pero es mía.
No quiero mirar nada
a través de otros ojos,
ni dormitar sobre la dúctil gracia
de una cintura o una mano,
del arco de unos labios o unas cejas.
Quiero ser yo, ser mío, ser mi dueño
y mi esclavo, morir en mi tiniebla.
Que muera en mi tiniebla
todo aquello que pudo ser mi hijo,
sangre mía, mi casta, regusto de mi boca.
Que cada amanecer en sí mismo se cierre,
sin verter su palabra al oído de un cómplice.

13

Canto y me alegro. Miro
la calle atardecida
y los parques de oro
al paso de noviembre.
La luz, desorientada,
resbala por la acera como una lagartija.

Pero canto y me alegro, porque anoche
aún me aquejaban lástimas de amor
sin saber bien por qué.

Canto y me alegro. Hay días
que debieran prenderse como bosques de pinos
para evitar que nos aproximáramos.
Porque de pronto, una mañana, abres
los ojos y lo encuentras todo ardiente
y queman las caricias.
Por eso canto hoy
y por eso me alegro.
Porque estos labios han de ser ceniza
y encima de este pecho
ninguna frente más
habrá de reclinarse.

Canto y me alegro. No quiero mentirme:
todo lo que poseo
está al alcance de mi mano ahora.
Si no lo tomo y sufro,
es porque el sufrimiento me embellece
esta tarde de otoño en la que vivo.
Por eso cantaré mañana todavía,

y pasado mañana
mi voz será aquel hueco de silencio
que se hace de repente
en la conversación de dos amantes.

Canto y me alegro y ésa es la razón
de mi júbilo. Pueden
herirme, desgarrarme espadas, zarpas,
taladrarme la sed de parte a parte:
pronto la muerte me impondrá sus manos,
me nombrará su hijo predilecto
y ya no ha de quedar de cuanto he sido
más que un poco de frío y este canto.

14

Es un dolor ocioso
el que hoy la torre asalta y desmorona.
Caben muchas palabras todavía;
de razones no cabe ni una sola.
Tiendo los dedos y, por las esquinas,
quiero alcanzar la rosa.
No está. No está. No está. Se escabulleron
juntos mi sueño y quien lo nombra.

La tierra lleva lejos los suspiros:
no es una amante silenciosa.
He heredado alhelíes; he tenido
la eternidad de la magnolia;
y la arrogante cala fue un mensaje
equivocado de la aurora.
Me extravié por sus olores;
cambié la flor por el aroma.
No hay nuevas luces ya, la que buscaba
era un amanecer de luto y sombra:
una luz que no existe
ni siquiera detrás de la congoja.
Busqué una boca sólo,
hoy me muerden los dientes de cien bocas.
Sentí una sed de nieve
contra la sangre y contra
la carne: la he perdido, me he perdido...
Un niño, quedo, a mis espaldas llora.
¿Soy yo quien dijo: «Encontraré una tarde
la flor reparadora,
una flor que gobierne mi esperanza,
humilde e imperiosa»?
En mi frente presiento manos
que indiferentes ya casi me tocan,

que me disipan ya casi el difícil
calor de las palomas.
Despertar, despertar, eso era todo.
El sueño nunca se recobra.
Un gran dolor, mío y de muchos,
árido y yerto me corona.
Desconsolada lluvia cae
sobre unas huellas y las borra.
Creí en florestas increíbles
que en primavera se deshojan.
Ya no sé el nombre de quien hablo
ni para quién cantó la alondra.
Me falta el día y su promesa,
el corazón todo me sobra.
Hablé de bosques compartidos,
hablé de llagas triunfadoras,
hablé del ángel, de la verde
vida, de las ortigas generosas…
Por decir cosas indecibles
me dejé sin decir las otras.
Hoy enmudezco. Hoy enmudezco.
Hoy sobreviene la deshora:
hoy ni la vida es compañera
ni la muerte, liberadora.

Meditación en Queronea

1

Aquí está lo que sobra:
una dulce carroña para buitres
en medio de este campo.
Pero el sol de oro vibra,
las alas del insecto,
el olivar, el párpado
del vencedor... ¿Nada cambió la lucha?
Vibran, con la calina,
la luz, la sangre no apagada,
el monte que se aleja, el silencio
sobrevenido. Es
mediodía y los héroes...
Se duermen los amantes enlazados
blancos de tanto amar.

¿Dónde está el vencedor, que no aparece,
que no asiste a la ávida faena
de la recolección?
¿Dónde está el seco párpado
que ve sólo cadáveres?
Entre todos, trescientos, desarmados,
de dos en dos. *(¿Qué cuerpo*
abraza a qué otro cuerpo?)
De dos en dos, vencidos. Esto queda.
¿Dónde está el vencedor?

Para voracidad
de buitres, preparada
desde el principio estuvo esta llanura.
Para voracidad
del buitre y de la hormiga.
Todo está bien. ¿Quién compartió la patria,
la herida, la derrota,
la gloria, el buitre? ¿Quién comparte
el estío, los vanos
honores militares *(la gloria)*, la mirada,
el talle esbelto, el tiempo *(la derrota)*?
¿Quién puede compartir más que la muerte
con el cuerpo que ama?

Vivir no es necesario:
la saeta o la espada
atan más que el deseo carne a carne.
Todo a mi alrededor es sólo vida.
¿Dónde está el vencedor?

Por esta sangre alegre, compañera
que la colina sorbe, largo es el mediodía.
Por esta jubilosa mortandad
que no ha dejado labios que la canten,
largo es el mediodía.
Por esta plenitud que, desdeñosa,
vuelve el rostro al olvido,
largo es el mediodía.
Éstos fueron los héroes sin duda.
Es hermoso ser hombre en Queronea:
alimento de buitres.

2

Venías de un país
en donde es la belleza
aire que hace vivir.

Hoy ya no tienes nombre.
(¿Es que ha pasado el tiempo?)
Lo oíste una mañana
de sol, igual que ésta, y sonriente
lo aprendiste. Marchabas distraído
de todo lo que no fuera un reflejo
de ti mismo. Y lo oíste. Y te detuvo.
Y las sílabas fueron poderosas.
(Es porque el amor llega
como un severo gozo.
No es el fuego, sino
la luz; no la proeza:
el duradero impulso.)

Tu nombre es ahora «víctima».
Descansa, ya has llegado.
Inmortal te retienen
los brazos de quien te ama, y tú retienes
inmortal a quien te ama:
aquel gesto inicial se ha hecho de piedra.
Tan sólo las estatuas
pueden seguir sonriendo para siempre.
Los dos habéis vencido,
¿dónde está el vencedor?

La lenta tarde que
envuelve a los olivos os conduce
dichosa, vigilante,
a la noche de bodas...
¿Qué importan ya los nombres?
Os llamarán... *(No tardará el rocío*
que enjugue las palabras.)
Los hombres no preservan,
ausentes de sí mismos, a los dioses.
Pero la tierra os ha reconocido,
porque os reconocisteis
antes en unos ojos.
Aquí acaba el progreso
del corazón: su límite
era ser devorado. Dime, amigo,
más hombre cuanto más
amado, ¿te vencieron
tan sólo con matarte?;
más hombre cuanto más
amante, ¿te vencieron
los que iban desprovistos
del escudo invencible? *(No, los héroes...)*
Te han ofrecido muerte a la medida

de la ritual belleza.
Nada es ya aquí verdad sino lo horrible.

El vino que bebíais,
entre la vehemencia y la ternura,
empapa estas orillas.
Dejad al cuerpo que os redima: hoy
testimonio no da más que la sangre.
Todo lo natural es inocente.
(El corazón...) Aquí sólo hay un crimen.
Por lo demás, silencio:
que comprendan los hombres.

3

¿Cuál será el gesto último?
¿Arrugará el paciente
embozo? ¿Llamará inútilmente al pecho
deshabitado ya?
¿Dirá su mano adiós
a lo que sin él queda
como antes? ¿Y los ojos?:
¿vueltos a cuanto se hunde
por dentro quedarán, o entreabiertos,
buscando quien los cierre

pronto, cansados?
En el lecho, los restos
de una débil batalla.
Y el silencio. La búsqueda
resignada termina en un suspiro.

Los hijos de los reyes
quieren coger el fruto
del árbol que plantaron:
muy breve es su ancho aliento.
¿Adónde las legiones que inundan
esta ribera irán?
¿Y por qué la inundaron?
¿Por quién mueren los otros?

Hacia el lecho de grava
donde empezó su vida,
como algún pez, regresa
el corazón. Remiso
a la aventura, lucha
consigo río arriba, incitado
por la remota sal.

No sabe. Cede luego
a su fascinación. La bebe.

De plenitud se inviste. Vive. ¡Vive!
No lo sabe. De pronto,
debe volver. Subir
—de resalte en resalte, de onda en onda,
de peligro en peligro—
al dulce manantial. Y no lo sabe.
Hacia las piedras blancas
un ritmo heroico se
le impone, como a un pez,
al corazón para entregarse. Y no lo sabe.
Se entrega y no lo sabe.
Ya está aquí… ¿Qué palabras
hay para esta alegría?
La vela al viento, el mar,
el amor impasible…

A la luz ascendió su último gesto,
al evohé su última voz… Ya es.
Ya ha llegado a la muerte.

4

¿Acaso les dijisteis
adiós a vuestros campos
al venir, el adiós

de aquellos que no vuelven...?
La patria es quien se ama.
Asumiéndola vais
a la muerte. Mirad.
Todo está aquí: el ciprés
varonil, los gozosos
frutales, la vid,
la gruesa espiga... No
penséis que vuestro vientre
alumbrará cenizas.
Ajena patria sois,
patria de vuestra patria.

Salisteis sin decir
adiós. No cultivabais
un estrecho jardín.
Erais los dedicados al amor,
como estos pobres cantos.
Ah, decidlo. Después
del amor el placer más alto
es proclamar que se ama
y entrar en el combate.

Hijos de vuestros hijos,
dioscuros, cisnes blancos,

os trajisteis la lluvia en la ladera
y el huracán en la mejilla;
en la risa, las oleadas
del trigal. ¿Acaso el amor es
conmover con palabras encendidas?

Una antigua tragedia
se repite: inmolados,
sentís nostalgia de un lugar
para siempre. A solas juntos ya.
Los dioses se alimentan
del mundo. Os eligieron
una patria más alta.
A tientas, a caricias
la encontrasteis. Decidlo.
Los amorosos dientes,
las lenguas, las recíprocas
manos no bastan. Hoy se os pide
un nuevo ser con otro
ser. Concluïros
en un abrazo, que
no concluiréis. Decidlo.
El vencedor va, solo,
de tiniebla en tiniebla.

Bañado en vuestra sangre
silenciosa, pasea,
bajo su fuerza, su cadáver.
Mesurados y en orden, los demonios
se acercan. La salvación es
lo imprevisto. Los siervos
del amor libres ríen
en los valles impunes.
El vencedor contempla
su soledad. Ya sois
indescifrables. Monte arriba,
sin amor y sin término, Sísifo continúa.

5

¿Es ahora? ¿Fue aquí?
En mi país, de hiriente
cal, como un mármol diario,
y zócalos azules,
el beso es una oliva
menuda. Allí, entre los naranjos,
aproximan los cuerpos
su bronce caprichoso.
En maderas de olor

tallamos nuestros ídolos,
y el fervor del jazmín
sucede a la ternura y la prolonga.
Allí, contra los muros
blancos de la indolencia,
se adormece la tarde.
(Sobre los restos de esta tarde, ¿están
presentes vuestros restos?
¿Sirve el recuerdo acaso
para la vida?)
Beso tras beso, allí dilapidamos
la vida. Vosotros, detenidos
en la ecuánime dicha, os bienamáis
ya sin vicisitud y sin mudanza.
Mientras, atronador,
ecuestre, soñoliento, el tiempo pasa.
Nunca fuisteis tan ciertos como ahora.
(¿Y el vencedor? ¿Por qué no llega?)

Pudo acaso una boca
decirme la verdad
en mi país, de iluminado
aire y de verdes ríos, verdes y dorados.
Una boca infantil, casi morada

en la penumbra, casi...
¿De qué sirve el recuerdo? Yo he buscado.
Un soplo puro mueve
los olivos, me seca
los ojos. Ya no hay rastros
de sangre. La llanura se ha olvidado
de vosotros, de mí, de los que quedan
por llegar. Cada uno
debe buscarse bajo
estas piedras, entre alacranes.
Lavar en estas aguas su memoria.

                                      No hay nadie.

No pensasteis en mí mientras moríais:
quizá he sido engañado.
En este mediodía
aún no habéis muerto. Puede
comenzar la batalla
recrudecida. El campo
está trazado. Con la punta
del pie remuevo ahora
unos guijarros. Miro
un lejano país
de cobre, unos lejanos
ojos. Miro la yerba ya crecida

otra vez, el camino
del mar, el mundo, mis dos manos.
Miro una lenta araña...
No pensasteis en mí.
No estáis. No habéis venido.
¿De qué sirve el recuerdo?

6

En Verona a una breve tumba
se abre un portal de ramos
azules. ¿Puede así
la destrucción ser abolida?

Lo que una vez sucede,
sucede cada día. En medio de este
jardín exterminado,
se alza la flor viril.
No cerca, sino dentro
de la muerte la flor. Haced memoria.
La veo levantarse...

Los recién desposados,
acabada la fiesta,
se miran largamente

pálidos ya de unidos. Eso es todo.
Por un momento son
toda su soleada
niñez, su adolescencia
llena de luna. Para
llegar aquí y mirarse
y tenderse las manos
ansiosos, como si
nunca hubiesen asido
cosa alguna, vivieron.
El minucioso hado
reduce a una pupila sus ovillos.
Esbelto, el mensajero
repartiendo sus flores
se aleja por la muerte.
«Hijo de mayo, ven,
aléjate, coloreando el mundo.»
Ya encontró la mirada
su rescate. Ya pudo
la destrucción vencerse.

Ruinas de bronce he visto
entre arrayanes, próximas
al laurel. El misterio

siempre es sencillo:
por las renovaciones, la flor ensimismada.
Ruinas de bronce... El vencedor,
con ala tenebrosa,
se cierne y pasa. Sólo
el aire, el repetido
polen, perdura.

En tanto,
las colinas meditan nuestros nombres
y los nombres que amamos. Huesos hay
que abonaron la tierra.
Lo que sucedió entonces
sucede todavía. En el lugar
que ordenaron los héroes caedizos,
aquellos que se amaron,
acabada la fiesta o la batalla,
se miran victoriosos.

Las preguntas oscuras
una flor las responde.
El momento y la flor
aquí son infinitos.

7

Así como el pacífico luminar de la noche
desde su oscuro trono gobierna las mareas,
la armonía a estos campos os condujo.
Antes la vida era un sueño renaciente...
Resucitad ahora.
Cuando arrecie la luna dormiréis;
pero el sol es quien salva.
Vosotros, ejemplares,
aceptasteis un áspero
sino ejemplar:
morir en brazos de la dicha, morir
por un mundo más alto.
Un mundo en el que no se oprima
al corazón, y libre
el espíritu engendre
sus frutos enigmáticos.
Sois simientes del gozo,
tiempo de sementera.

Distintos y enlazados
entráis en la batalla que dura todavía.
Amor y libertad son aliados.

Dormid un poco, descansad un poco,
dejad hoy la azagaya en nuestras manos.
Abrazad al amigo merecido
con pacíficos gestos.
Os relevamos... Nos relevarán...

Mientras haya un olivo,
una gota de sangre, una palabra, un gesto,
no terminará el alma.
La muerte es transitoria.
Sólo la sed perdura.
Y el vencedor nos teme:
rodeado de voces mercenarias
mira su triunfo y tiembla.
Amor y libertad son aliados:
no se encadena el mar.
Ocultas en la noche vigilante,
las mareas repiten sin reposo
su canción invencible.

8

Se levantaba un alma, tiritaba
junto a la mía, que se levantaba
y tiritaba... Ay, héroes,

vosotros, piedra ya,

no sentís este miedo

de romper la hermosura en cada instante.

Se levantaba un alma

como el olor del arrayán,

que no exige sino la modesta limosna

de ver el agua cerca.

Nos mirábamos debajo de la higuera

—que no, que no era estéril:

¿qué voz habría podido

maldecirla esa tarde?—

a unos instantes sólo

de la fusión, antes de sumergirnos

ciegos en la recíproca belleza,

demorando el momento,

jadeando, ay héroes, jadeando...

El geranio arañaba con envidia

mi codo, y el sol quedaba fuera,

innecesario visitante,

en esta aguda, sedienta, venturosa,

mirada del reencuentro...

¿Es que no entenderéis?

Todo está por decir: Queronea no acaba.

La muerte es otra cosa
más breve que el amor.

                Os he seguido.
¿Me ayudaron las manos que yo amaba
a seguiros? La piedra, el sol, la higuera,
el calor, la armonía,
hasta la minuciosa seta van conmigo.
Y el palacio real espera a mi alma
como el de Asuero a Esther,
abriendo complaciente y sin ruido
estancia por estancia,
para que yo, abrigado
con el amor, camine por la pura
perfección derramada.
Esto es, sin duda, la felicidad
que vosotros gozasteis...
Os he seguido y sé que sonreís,
sin ruido y complacientes,
con vuestra mano puesta sobre mi hombro...
Lo mismo que vosotros, ahora puedo morir.

9

Es primavera ahora. Había sido
primavera… En medio del verano,
un muchacho, un hijo de rey gritó la orden:
será llamado Grande.

Fulge el ala derecha. Fulge el río.
El calor ensordece sus tambores
diáfanos. Se miran con ternura
los guerreros. De la mano caminan
al combate: para esto fueron hechos.
Y comienza la fría ceremonia.
Morir, pero no solo.
«Hasta pronto», se dicen:
la mirada no muere.
                    La serena
fatalidad pasea entre hierros, murmura
«aquí» sobre una frente, una garganta, un pecho.
Sin vacilar, el hijo de un rey gritó la orden:
será llamado Grande…
                    Ya lo ha sido.
Otra vez hoy es primavera, o la misma quizá.
Que al menguado le mojen las lágrimas el rostro.

Bajo el firme león, omnipotente
un pedestal de huesos
habla a varones que no lloran.
Aquí está la reliquia irresistible.
No os quemarán. No os queman. No os
                              [quemaron.
Sois sagrados, amantes.
Sólo la tierra puede con vuestro doble cuerpo.
Ni siquiera la espalda de los dioses…
Hijo de rey, desnuda sus cadáveres. Mira
lo que queda del sueño,
de la aciaga fruición, de la grandeza, del
ardor inmortal: transcurre un río…

Para apartar lo oscuro no valdrán
semillas de peonía, avellanas de oro,
nocturnas higas de azabache, cuernos
de coral mudo, manos de tejón…
Con velas negras vuelve el victorioso.
Todo está escrito. El ciego se apresura
de regreso a la Esfinge. Lava
sus manos: no hay
detersorio que limpie ciertas sombras.
Brilló el ala derecha.

No hay alumbre que aclare las aguas del Cefiso.
Brilló el agua…

Otra vez hoy es primavera,
o la misma quizá.
Un rumor de armas múltiples
remueve los cipreses.
Pronto el verano emprenderá otra siega…

10

Volvéis de noche a casa, en una larga
cohorte. Sonreís.
La vida siempre es adolescente.
Nosotros, sin embargo, envejecemos
sin conocer la causa:
quizá porque no amamos…
Griegos, fabuladores,
os acercáis al lecho mío mirando
con desdén la cabeza
que duerme junto a mí, y es tan hermosa.
Sí, volved siempre, volved, pero os suplico
que no seáis demasiado exigentes.
Aquí sólo podemos resistir
deseos no del todo cumplidos,

plegarias no cumplidas.
Algún amanecer, en silencio,
deploramos la pérdida del arte,
y nuestro amor apenas
es un presentimiento.

Pero no estáis tejidos
por el sueño, más reales
que yo y que mi abandono.
El mundo debe ser
como lo imaginasteis.
              Con la mirada atenta
me interrogáis. ¿Qué es
la angustia, imperturbables,
sosegados y tensos,
que tan sólo la fuerte e infalible
amistad requeríais?
De dos en dos lográis
vuestro equilibrio, hecho para vivir.
La soledad no suele
ser armoniosa ni ser viva.

«¿Sueñas?», me preguntaba. Amanecía
y estaba junio en flor...

Ah, no quiero ese junio.
Alguna rama brota
si el invierno es templado.
Que cada cual aprenda
a conocer su hambre y su alimento;
yo a mi secreto me reduzco.
Quien llegó a mí inundaba
mi corazón de pájaros...
No duerme, no se duerme un amante.
Amaneció por fin. Pero los trinos
cesaron de sonarme
dentro del corazón.

11

Fueron la vida y muerte vuestras
quienes hicieron que
las manos nuestras se encontraran.
Pero no conseguisteis retenerlas unidas.
¿Por qué venís ahora,
héroes de Queronea, ya lejanos,
a este acontecimiento de cobardes?
Nuestro tiempo es trivial, a la medida
de nuestra pequeñez.

En los dedos se nos acaba el alma,
no llega más allá.
Ya no existen los héroes.
Nuestra historia es tan breve
como el amor que la provoca. Oídme...

Decíamos «mañana» o «no te vayas»;
decíamos «trae pan»;
decíamos, sobre todo, «nosotros»... El encanto
era sencillo y diario
igual que un desayuno compartido.
En esta alcoba ardieron las palabras
y nos vimos crecer
castos entre los besos.
Con celosa calima aquel verano
velaba el verde de sus ojos;
en su pecho habitaba mi corazón, y cada día
despertaba en él como
un pájaro pequeño y sorprendido.
Inquietos por el gozo,
hablábamos de amor para entendernos
mientras dormía el amor
—ligeramente, ah, ligeramente—
sobre almohadas de piedra...

Si el amor perdurase,
seríamos como astros encendidos,
seríamos como dioses…
No hemos sido capaces de imitaros.
No vengáis más: la puerta está cerrada.
Todo acabó, y el sol
se pone todavía. Indiferente
rueda la tarde ya decapitada.
En esta alcoba derramaron sangre
las palabras: se hirieron
dos amantes con ellas.
El cielo, desde aquí,
era menos azul.
«Sueñas», me dijo. Amanecía
y estaba junio en flor…
¿Dónde iré? Donde quiera
que habite de ahora en adelante,
moriré en un destierro.
No he sabido, no supe, no he sabido…
Un verano interior
agostaba los verdes de sus ojos.
No fui capaz de detenerlo.
¿Quién estará seguro desde ahora?

En esta alcoba fui feliz por vez primera,
porque alguien, sueño mío, me soñaba.
Quiero dejar de ser
también en esta alcoba.
No vengáis más. He muerto. No os conozco.
También el negro es un color desde hoy.

12

De dos en dos
vinisteis por abril bajo los álamos,
a las terrazas de los bares.
Y nosotros estábamos mirando las montañas...
Descuidados y al margen,
convencidos de que el amor no volvería,
sorbíamos la luz de la mañana
con las ajenas manos
sobre la mesa, al lado de las nuestras.
Contemplábamos
el vaivén de los niños, los colores,
las ramas ya cargadas... Y vinisteis.
Sólo en el sueño puede verse
tan claro.

Habituales e insólitos,
con los ojos transidos de recados,
os sentasteis junto a nosotros
para enseñarnos el amor,
la convivencia, el bien, la paz recuperada,
el alto y poderoso sol de todos…

A cuatro manos
se toca la más dulce sinfonía:
su nombre sólo el mar
es capaz de decirlo.
Había mucha sangre
por las calles del corazón
y blancos paños la secaban. Era
como si enero regresase siempre
con sus nieves limpiando el universo.
Ser tan poco y tener tanto camino
que andar… Juntos. Juntos o nada.
Morir es nada más
ser olvidado. Abrir los brazos para
quedarse con abril a solas, bajo
los álamos y el cielo.

Es tan duro el amor: tan duro como
el desamor. Andamos, nos miramos

de lejos. No aprendemos.
Tendemos las dos manos…
Todo es andar a oscuras, todo es lágrima.
Recordamos aquella
primera muerte que sufrimos,
y que es ésta otra vez.
Luchamos y morimos cada día.
Nada es igual que imaginamos.
¿Donde estáis ya? ¿Es la muerte
lo único que aguarda a nuestro amor?
No, la muerte sólo es ser olvidado,
en las terrazas de los bares, solos,
sin que lleguéis vosotros a enseñarnos
como antes, a mirarnos como antes…

Pero, por fin, volvéis.
Habéis venido con abril,
bajo los verdes álamos
a hacernos compañía en la tristeza.

13

Todo es de luz y canta. Te recuerdo.
Hay ciudades tan claras todavía…

Un impreciso ruido de colmena,
un impreciso aire,
una desconocida e imprecisa
estación de ferrocarril
y un impreciso idioma que no entiendo.
¿Estoy llorando? Sé
que estoy solo. Se abre
como una fruta la mañana.
Toda vida es partir...
                    En Queronea
se miraron los hombres a los ojos.
Estoy cerca del mar. Quizá he dormido
mal esta noche. Y te recuerdo tanto:
cansado, amable ya de tan cansado,
impreciso como este ruido de colmena,
reclinado en mi hombro.
El techo de esta casa alborotada
es brillante y de muchos
colores. Te he de decir que anoche me han
                              [besado.
Es difícil seguir la dirección
de la flecha que nos traspasa. Me dijeron:
«Tienes frescos los labios. Las naranjas...»
Me dijeron: «Tus dedos...»

Desesperadamente te recordaba anoche
a ti que tienes la frente en la verdad.
Qué largos estos últimos días, y qué clara
esta ciudad de la que salgo. Hubo
unos ojos que hicieron
padecer: ¿eran los tuyos o los míos?
Los de los dos quizá...
Seguro que alguien
está sufriendo esta mañana: el aire
es demasiado limpio.
Ah, cuánto te recuerdo: soy tu recuerdo sólo.
Nadie canta. Parece
que nadie canta... Todo
se quedó entonces como ahora.
(Una boca, de pronto, ha sonreído.)
Como ahora: esperando.

Para Mirta
(sonetos barrocos)

1

ELLA

Bebió en tu boca el tiempo enamorado
y la cuajó con besos de paloma.
Casto tu cuello, sobre el oro asoma
tan sólo por el oro acariciado.

Lunado el pelo, el corazón lunado,
rubor apenas por el aire aroma.
Amapola ritual tu torso toma
y te aparta del mar verdeazulado.

Tu mirada de miel, marisma ardiente,
la luz antigua con las luces nuevas
—recién despierta y ya cansada— alía.

Te duele la victoria, y dócilmente
a cuestas tu destino de amor llevas,
delicada y sangrienta vida mía.

2

El enamorado

No tuve yo más ley que tu figura
y el lazo de tu pelo por abrigo;
tu camisa de holanda, mi enemigo;
tu tijera, mi cetro y desventura.

En chinelas pasé mi noche oscura,
enhebrándote agujas de castigo.
Con un bastidor falso por testigo,
el juez prevaricó de tu costura.

No quiero ya saber qué lleva dentro
este fruto de abril, cansado y triste,
cuya flor disecaste en tu diario.

Me busco el corazón y no lo encuentro:
olvidé que, por juego, tú lo hiciste
bebedero anteayer de tu canario.

3

A su lencería

Sobre el tesoro tú, cándido amante,
tu avaricia blanquísima despliegas,
y, envidïosa nube, altivo niegas
al deseo su centro deslumbrante.

Cuándo será que, en gracia de un instante,
queden, vidente amor, sus ansias ciegas,
y de la vid en las hermosas vegas
libres racimo y gloria penetrante.

Oh feliz ser, oh velo del recinto
en que la vida tiembla y se acobarda,
desfallece la mar, se yergue el fuego.

Todo es igual y todo ya distinto:
el dulce arquero que tu luna guarda
con su rayo me hiera, y muera luego.

4

A su clavícula

Si al velo octavo a ciegas me adelanto
que a tu marfil y flecha desfigura,

firme me ofende y presa tu segura
azucena valiendo al amaranto.

Ni más se pulió al ópalo, ni es tanto
la ferviente calandria en la espesura
como armoniosa tú, lejana y pura,
dormida en el reverso del encanto.

Oh qué ala inmóvil, qué ardorosa nieve:
vara de nardo en púrpuras rendida,
pálido cetro indiferente al fuego.

Dura como el puñal y así de breve,
báculo siendo blanco de la vida
me das la muerte si a tocarte llego.

5

A UN TROZO DE LÁPIZ BICOLOR

También a ti te han muerto ya sus manos,
sus filos ya cortado vida y alas,
débil verdad que al consumirte igualas
rojo y azul estrechos y cercanos.

¿En qué nieves naciste, en qué veranos,
en qué verdes del bosque y altas salas?
¿Qué destino abrió puentes, tendió escalas,
tu estéril flor pintó, nos hizo hermanos?

Dime si no te tuvo entre sus dientes
como a mi corazón, y la dulzura
que derramaste cuanto más herido.

Pues sándalo de llagas sonrientes
y cosa suya somos, que a su dura
potestad se someten sin quejido.

6

A una caja de cerillas

Ceñir con linde el fuego o con muralla,
podar su fronda, arriarle las banderas,
apaciguar su sed de torrenteras,
poner a su demencia cruz y raya.

No más quisiera que esta débil valla,
que a sueño y paz reduce las hogueras,

me diese su sigilo y no entendieras
de qué fiesta del fuego soy yo talla.

Como en tus ojos, pero no en tus ojos,
se siente el manantial deliberado
que de la mar me rinde la promesa.

Los que verás mañana dardos rojos
su vuelo premeditan desalado,
y el alba empieza a arder sobre la mesa.

7

A UNA MÁSCARA QUE HIZO CON ESCAYOLA
PINTADA

La boca te torció risa insegura,
mejilla arriba rota y desangrada.
Si verde, estás madura y no tomada,
clara y negra a la vez, casta e impura.

Las cuencas sin mirar de tu locura
ni una lágrima vierten consolada,
y por tu frente mal equilibrada,
mártir y hoguera, la avidez perdura.

Heliotropo desmáyase en tus sienes
y genciana y magenta ocultos quedan
detrás de tu terrible anatomía.

Dime, amiga, qué amor o qué odio tienes,
pues a mi corazón quizá le puedan
tu verdad adiestrar o tu falsía.

8

A SU ESQUÍ

Para un sedoso caminar naciste
como en hechizo y como en embeleso.
Con tu desliz ingrávido de beso,
yo ávida duna, no me conociste.

Sé que a tu lado soy criatura triste,
mi paso torpe, abrasador mi exceso.
Y es que mi cuerpo no ha sentido el peso
del cuerpo suyo y tú sí lo sentiste.

Pero los dos, debajo de su planta,
tenemos nuestro reino y geometría:
los dos a ciegas y del mismo modo.

Pues yo también ofrezco mi garganta
a su capricho o ley, y cada día
pongo a sus pies mis brillos y mi lodo.

9

A UNA FICHA DE TELÉFONO

El oro humilde tiene y fatigado,
hoja de octubre, voz de sólo un día.
La orden sólo de amor la encendería,
que ni aquí está, ni allí, ni en otro lado.

Así yo fuera, mudo y retirado,
posibilidad sólo, brasa fría,
con una saeta al norte de mi estría
y un deseo en el aire aposentado.

¿A qué puerta llamó que no se abriera
este gastado sol, y qué morosa
siega olvidó esta espiga ya sin trigo?

O quizá no fue así, pues primavera
también volvió en otoño, deseosa
de ser tuya, de hablar, de estar contigo.

10

Soneto verde

Cuando en octubre amor por la semilla
conspira con abril de la mirada
me subyugó una rosa equivocada:
si verde corazón, tez amarilla.

De una la noche en otra maravilla
—cera ya agraz, ya pluma alabeada—
regresó el alba, limpia y afilada,
rasgándome de pura la mejilla.

Verde presidio y hondo, verde prado,
que a la esperanza indócil alimentas
con grama en flor, sonrisa de mi dueño:

suba la muerte y máteme a tu lado,
que esmeraldas, cantáridas y mentas
me han dispuesto un profundo y verde sueño.

A SU ÁLBUM DE FOTOGRAFÍAS

¿Por qué tú más feliz? ¿Qué por tu oscura
condición privilegio has merecido
de detener el aire y el latido,
el adorado gesto y su hermosura?

Me dolió antes de verte tu segura
posesión, pozo avaro en que el sonido
huye del labio, y yacen sin sentido
la risa breve, inmóvil la figura.

Pero ahora veo, cárcel vanidosa,
que en ti tan sólo imagen y eco había,
que no apresó tu red la amable presa.

Tú el cuerpo suyo escondes deliciosa-
mente desnudo y bello como el día,
mas yo tengo en mis manos su tristeza.

12

Porque el amante se creyó Ícaro de otro sol

Que me olvidé de ti junto a la altura,
junto al soberbio sol y sus hirientes
manos de sed, que absorbe las corrientes,
funde el candor e incendia la llanura.

Que no quise y me alcé. Que mi estatura
ganada fue por alas inclementes,
y no quise y me alcé sobre las fuentes
del mar y sobre el mar y su amargura.

Roto estoy ya, caído desde el viento.
Pero una llama me apagó los males
y desafió al mal con sus banderas.

No surgiera qué flor de qué hundimiento
al verte, sol, beber los manantiales
en los que yo no quise que bebieras.

13

A UN PUÑAL USADO COMO PLEGADERA

Disfraz de terciopelo te rescata
del aire manso y su purpúrea huella,
y en sangre está, ciñéndote con ella,
si amortajó tu voz de aguda plata.

¿Quién revistió de túnica escarlata
tu agonizante refulgir de estrella?
¿Qué muerte das que, si a la luz destella,
se esconde de la luz y se recata?

En tan suave quehacer y blando oficio,
¿qué dueño tu destino aquí convierte,
apaga el crimen, silenció la herida?

Mas ¿qué extraño que tenga a su servicio
la recamada lengua de la muerte
quien tiene a su servicio ya mi vida?

SONETOS DE LA ZUBIA

1

Ya nunca más diré: «Todo termina»,
sino: «Sonríe, alma, y comencemos.»
En nuevas manos pongo nuevos remos
y nuevas torres se alzan de la ruina.

Otra alegre mañana determina
el corazón del mundo y sus extremos.
Juntos, alma, tú y yo inauguraremos
este otro amor y su preciosa espina.

Para mirar mi muerte atrás miraba
y encontré renaciente la llanura
y sellada la boca de mi herida.

Ni el nombre sé yo ya de quien amaba,
desmemoriado y terco en la aventura
de que quien me mató me dé la vida.

2

Si todo acabó ya, si había sonado
la queda y su reposo indiferente,
¿qué hogueras se conjuran de repente
para encenderme el pozo del pasado?

¿Qué es esta joven sed? ¿Qué extravïado
furor de savia crece en la simiente?
Si enmudecí definitivamente,
¿para quién canta un nido en mi costado?

¿Por qué cruzas, abril, mis arenales
talándome el recuerdo y su enramada,
aromando rosales sin renuevo?

¿Qué esperanza me colma los panales?
¿Qué me das a beber de madrugada,
destructor de promesas, amor nuevo?

3

Es hora ya de levantar el vuelo,
corazón, dócil ave migratoria.
Se ha terminado tu presente historia,
y otra escribe sus trazos por el cielo.

No hay tiempo de sentir el desconsuelo;
sigue la vida, urgente y transitoria.
Muda la meta de tu trayectoria,
y rasga del mañana el hondo velo.

Si el sentimiento, más desobediente,
se niega al natural imperativo,
álzate tú, versátil y valiente.

Tu oficio es cotidiano y decisivo:
mientras alumbre el sol, serás ardiente;
mientras dure la vida, estarás vivo.

4

Me clavó bien, al hueso, las esposas.
La mordaza anudó, las ataduras,
porque, sabiendo cómo estaba a oscuras,
maneras no me tuvo más piadosas.

A quien sonría amor, hable de rosas,
que no tengo yo voz para blanduras.
Llegó, venció, sentí sus mordeduras,
cayó la sangre en pérdidas gloriosas.

¿Dónde hay amor aquí, o estas fervientes
prisiones son amor y estos mil fuegos
que me amargan la miel, trizan mi trigo?

No es niño amor de aljabas inocentes,
ni el ciego es él: nosotros, sí, los ciegos,
que llamamos amor al enemigo.

5

Por mi cuello tu mes de abril resbala
y su música templa mi recelo.
De tu mano pasea amigo el cielo
y en mis hombros sus cármenes instala.

Tu alegría desata su rehala
de palomas y arcángeles en celo,
y ante la nueva aurora me desvelo,
entre un batir ardiente, de ala en ala.

Plata y verde, le impones tu divisa,
al tiempo hostil, a la extenuada espera,
al mundo recobrado ya con prisa.

La portentosa gracia quién tuviera
de perpetuar el don de tu sonrisa,
que me convierte octubre en primavera.

6

La luna nos buscó desde su almena,
cantó la acequia, palpitó el olivo.
Mi corazón, intrépido y cautivo,
tendió las manos, fiel a tu cadena.

Qué sábanas de yerba y luna llena
envolvieron el acto decisivo.
Qué mediodía sudoroso y vivo
enjalbegó la noche de azucena.

Por las esquinas verdes del encuentro
las caricias, ansiosas, se perdían
como en una espesura, cuerpo adentro.

Dios y sus cosas nos reconocían.
De nuevo giró el mundo, y en su centro
dos bocas, una a otra, se bebían.

7

Se reencuentran ellos, que en mi frente
no faltó tu presencia ni un momento,
ni te ausentaste de mi pensamiento
el tiempo de un suspiro solamente.

Cegada y sordomuda, el alma hirviente
se entronizó sobre su sentimiento
y olió la noche, por si acaso el viento
le acercaba tu aroma incandescente.

Sólo ellos se reencuentran, no nosotros,
que nunca nos habíamos perdido,
un dulce yugo sobre los dos cuellos.

Piafan, relinchan, triscan como potros,
se mecen entre el gozo y el gemido.
Son tu cuerpo y mi cuerpo, sólo ellos.

8

Como en la trampa cae la alegre caza,
caí en tus brazos, donde me debato.
Ni de quedar, ni de escaparme trato
de esta red que me ahoga y que me abraza.

Fuera, la libertad con su amenaza;
aquí, el seguro fin tajante y grato.
Fácil es desatar, y no desato,
el dulce nudo que mi muerte aplaza.

Sumisamente inclino la cabeza
no sé si para el golpe o para el beso,
no sé si para el gozo o la tristeza.

Pero, si llega el día del regreso,
pues que caí en la trampa por torpeza,
no quiero liberarme de ella ileso.

9

Si te vas lejos tú, me llevas lejos.
Si quieres separarte, te aproximas.
Prisiones hay que no gastan las limas
y estrellas que entreveran sus reflejos.

Es laberinto nuestro amor de espejos
en que, si más te enfrías, más me animas.
Convéncete, cuando te desarrimas,
que, donde esté, te tiraré los tejos.

¿A qué polo tú irás que yo no vaya?
¿Dónde te esconderás que no te vea
si, entre tú y yo, ni linde hay ya ni valla?

No malgastes huyendo más tarea
que, al fin, juntos daremos peso y talla,
tú por la calle, yo por la azotea.

10

Lluvia implacable tú, lluvia dorada
sobre mi tierra, pronta y exigente.
Lluvia transida y beso iridiscente
quemándote en la voz y en la mirada.

No digas que el color de la granada
se dispone a dormir en el poniente.
No digas nada. Ten mi mano y vente
a prender el deseo en la enramada.

Lluvia sentida tú. Tú, lluvia oscura
clavada en la vigilia de mi anhelo,
lavándome la flor de mi amargura.

Sentirme así, llovido por tu pelo,
llovido por el mar de tu hermosura
bajo el redondo vientre de tu cielo.

11

Cuándo tendré, por fin, la voz serena,
sencillo el gesto, la ansiedad cumplida,
sigilados los labios de la herida,
mi pleamar cansada por tu arena.

Cuándo mi sangre trazará en la vena
su ronda acostumbrada y consentida,
y unánimes irán —corta la brida—
el fiero gozo y la dorada pena.

Cuándo estará mi boca sosegada,
suave el aliento, el beso compañero,
compartida la gracia de la almohada.

Cuándo llegará el día verdadero
en que me suelte ya de tu mirada...
para poder decirte que te quiero.

12

He venido a decirte que me quieres
a esta luz, a esta sierra, a esta armonía.
A decirte que el alma tuya es mía
he venido con todos mis poderes.

Aquí, a solas, tú y yo somos dos seres
que anhelan la llegada de su día.
Y nuestro día es éste todavía:
nada de ayer ni de mañana esperes.

La misma tierra que nos tendrá muertos
nos enamora y nos reclama vivos
con montes, cielos y árboles abiertos.

¿Por qué entonces mirarnos agresivos
si marchamos, a pechos descubiertos,
debajo del calor y los olivos?

13

Desembocara junio en el verano
su alegre y jadeante torrentera.
Verdeara ya el pan y no supiera
cómo dorar ni agavillar su grano.

El ruiseñor, vestido a contramano,
de amor la noche y resplandor vistiera.
Cruzara la creciente primavera
otra vez al alcance de mi mano.

Rasgara el corazón su vestidura
por mostrar, en pulmones de granada,
su roja pedrería ya madura.

Viera nuestra pasión recomenzada...
y diese todo yo por la dulzura
de verte hacer la cena y la colada.

14

Me desperté soñándote aquel día
en que estrenó mi corazón latido,
y le puse tu nombre y tu apellido
al cielo, al sol, al mar y a la alegría.

Poco después, cuando la tarde fría
se echó a morir privada de sentido,
supe que, con la luz, tú te habías ido
y que jamás la luz retornaría.

Pero hoy mi corazón incontenible
siente otra vez brotar, como una fuente,
el ávido reclamo de la vida.

¿Por ventura es aún todo posible,
o es que el dolor prepara, reincidente,
con pasos de paloma su embestida?

15

Quién pudiera morderte lentamente
como a una fruta amarga en la corteza.
Quién pudiera dormir en tu aspereza
como el día en las sierras del poniente.

Quién pudiera rendir la hastiada frente
contra el duro confín de tu belleza,
y arrostrar sonriendo la tristeza,
rota la paz y el paso indiferente.

Quién pudiera, mi amor, la alborotada
resistencia del alma distraída
conducir a tu parva apaciguada.

Quién pudiera ostentar, como una brida,
el arcoiris sin par de tu mirada
desde tu luz a mi negror caída.

16

Viene y se va, caliente de oleaje,
arrastrando su gracia por mi arena.
Viene y se va, dejándome la pena
que, por no venir solo, aquí me traje.

Viene y se va. Para tan breve viaje
talé el jazmín, segué la yerbabuena.
Ya no sé si me salva o me condena:
sé que se va y se lleva mi paisaje.

Sé que se va y me quedo frente al muro
de la lamentación y del olvido,
oscuro el sol y el corazón oscuro.

Viene y se va. Yo nunca lo despido.
Al oído del alma le murmuro:
«Gracias, bien mío, por haber venido.»

17

Tú me abandonarás en primavera,
cuando sangre la dicha en los granados
y el secadero, de ojos asombrados,
presienta la cosecha venidera.

Creerá el olivo de la carretera
ya en su ramo los frutos verdeados.
Verterá por maizales y sembrados
el milagro su alegre revolera.

Tú me abandonarás. Y tan labriega
clareará la tarde en el ejido,
que pensaré: «Es el día lo que llega.»

Tú me abandonarás sin hacer ruido,
mientras mi corazón salpica y juega
sin darse cuenta de que ya te has ido.

18

Vivo dolor y manso el de no verte.
Vivo dolor en que la mano amiga
sus sufrimientos, como Rut, espiga
en el trigal de Booz junto a la muerte.

Voy persiguiendo el sueño de tenerte,
y este vuelo tendido me fatiga,
que soy pájaro preso entre la liga
del anhelarte y del desmerecerte.

Vivo dolor y manso este que tengo
escondido en el arca de alianza:
venturoso y quemante realengo.

Porque tanta dulzura hay en su lanza,
que del vivo dolor manso me vengo
besándolo por toda mi venganza.

19

A trabajos forzados me condena
mi corazón, del que te di la llave.
No quiero yo tormento que se acabe,
y de acero reclamo mi cadena.

Ni concibe mi mente mayor pena
que libertad sin beso que la trabe,
ni castigo concibe menos grave
que una celda de amor contigo llena.

No creo en más infierno que tu ausencia.
Paraíso sin ti, yo lo rechazo.
Que ningún juez declare mi inocencia,

porque, en este proceso a largo plazo,
buscaré solamente la sentencia
a cadena perpetua de tu abrazo.

20

Me sorprendió el verano traicionero
lejos de ti, lejos de mí muriendo.
Junio, julio y agosto, no os entiendo.
No sé por qué reís mientras me muero.

Vengan nieve y granizo, venga enero,
vengan escarchas ya, vayan viniendo.
Troncos que fueron nidos ahora enciendo
y no consigo la calor que quiero.

Suelta la vida al viento falsos lazos:
no hay flor, ni luz, ni sed, ni amor, ni río.
Sólo hay un corazón hecho pedazos.

Agosto miente, amor, y siento frío.
Sin la tibia bufanda de tus brazos
aterido sucumbe el cuello mío.

21

Si tienes que mentir, hazlo más tarde,
que aún la acequia en La Zubia parpadea.
Consiente este verano que te crea
sin que el temor de octubre me acobarde.

Por la vega el amor se quema y arde.
Todo reluce, vibra al sol, flamea.
Deja que se retrase mi tarea
de soledad y que el dolor aguarde.

No, llorar ahora no. Sólo te pido:
«Si tienes que mentir, hazlo en otoño,
cuando el verano acabe de cantar.

Que, después que tu amor se haya perdido
y secado la fruta en el retoño,
ya encontraré yo tiempo de llorar.»

22

Como siguen al sol los girasoles
y viven de su luz y lo respiran,
son mis oídos ya los que te miran,
mi boca quien escucha tus resoles.

No pongas más a prueba ni acrisoles
el amarillo amor en que se estiran,
ni el fulgor tanto alejes al que aspiran
que, por saberlos tuyos, los asoles.

Córtame ya, y arranca lentamente,
sin que la sangre conyugal te alarme,
grano por grano toda mi simiente.

Será ése el mejor modo de acabarme,
pues temo que tu sol indiferente
me deje marchitar sin devorarme.

23

Arrebátame, amor, águila esquiva,
mátame a desgarrón y a dentellada,
que tengo ya la queja amordazada
y entre tus garras la intención cautiva.

No finjas más, no ocultes la excesiva
hambre de mí que te arde en la mirada.
No gires más la faz desmemoriada
y muerde de una vez la carne viva.

Batir tu vuelo siento impenetrable,
en retirada siempre y al acecho.
Tu sed eterna y ágil desafío.

Pues que eres al olvido invulnerable,
vulnérame ya, amor, deshazme el pecho
y anida en él, demonio y ángel mío.

24

De crudo viento y soledad sitiado,
sin tierra, fuego ni agua en la mejilla,
ciego y mortal, ignoro quién ensilla
el potro de tu impulso desbocado.

¿De qué cielo he caído? ¿De qué alado
astro, de qué apremiante maravilla,
si más allá del gesto y de la arcilla
sólo queda un destello deshojado?

Y está la luz mayor alzada en lanzas
por llegar, y equivoca el sol su dardo
adornando tormentas y bonanzas.

La belleza que invade y rinde aguardo,
y en frío y verde y roto de añoranzas,
yo solo, entre los otros solos, ardo.

25

Dile a la muerte, amor, que no me olvide;
que tengo el corazón ya bien dispuesto,
y previstos, al fin, palabra y gesto
con que de ti mi cuerpo se despide.

La vida, sólo en vida, no se mide;
ni la pasión, en dulce manifiesto.
Vida y amor no mueren: sobre el resto
es un azar nocturno quien decide.

Yo no soy sino aquello que persigo:
una lluvia de mayo en tu mejilla,
tu fuego en paz, tu bienestar de trigo.

Qué vida, tras la muerte, tan sencilla:
yo, entimismado, transcurrir contigo
de un sueño a otro, de una a otra orilla.

26

No una rosa que sea y ya termine,
sino lo que va a rosa y se detiene:
el último peldaño, donde suene
la música y la fiesta se adivine.

Savia de pie, que empuje y que germine
si el pico de una alondra la sostiene.
Se busca lo que va, no lo que viene;
lo que el viento anticipa y no define.

Las manos, no: los ojos los que tiran
de esta pobreza en vísperas de plata
que, así el granero, duerme en el sembrado.

Pues tan a oscuras y en silencio miran
que el buscador un día se rescata
y de otros ojos llega a ser buscado.

27

Pieza no perseguida y ya cobrada,
hasta el trono me arrastran los monteros.
Quien tuvo ayer pañales carpinteros
hoy la frente se siente coronada.

La espalda toda llevo desangrada
por mordiscos de labios embusteros,
y escucho a los serviles plañideros
recitar la plegaria acostumbrada.

Si alguno de vosotros conociese
a quien me dio palabra de enemigo,
vaya y le advierta que el amor se muere.

Al final, la verdad única digo:
«Sólo quise querer a quien me hiere,
y al mismo Dios lo pongo por testigo.»

28

Ya yo me voy y tu promesa llevo
como quien agua en unas redes lleva,
que no es aquí ninguna traición nueva
y ningún juramento es aquí nuevo.

No sé por qué razón otra vez pruebo
a darte fe, si soy la viva prueba
de que en ti la mentira se renueva
igual que en el amor yo me renuevo.

Caerá el otoño sobre los frutales;
caerá al lagar el mosto desangrado
y en el campo las lluvias iniciales.

Caerá diciembre y me hallará cansado
de esperar, a destiempo, los rosales
que me ofreciste un día ya olvidado.

29

¿Quién te dijo que sí? ¿Qué filo frío,
corazón, te ha segado la cimera?
¿En qué pozo de lodo sin ribera
estancaron el agua de tu río?

Con palabras de burla y desafío
al alba te arrïaron la bandera:
la soledad será tu compañera
por la noche cerrada del desvío.

¿Para qué el hondo cielo, los azahares,
la verde trama de los olivares
si no sabes qué hacer con su alegría?

Si te quieres morir y no te mueres,
y mientras viene el día sólo quieres
a quien dijo que sí que te quería.

30

Igual que da castañas el castaño,
mi corazón da penas y dolores.
El árbol tiene un tiempo para flores;
mi corazón da frutos todo el año.

Hundidas las raíces en tu engaño
crecen sus ramas, cada vez mayores:
ya sólo sobresaltos y temores
lo que fue tantos pájaros antaño.

Cuánto sol cupo en esta fronda impura;
cuánta canción se amortajó en sus nidos
y, tronchada en agraz, cuánta dulzura.

Cuando piensa en los días abolidos,
mi corazón se agobia de amargura
cargado con sus frutos prohibidos.

31

Atardeció sin ti. De los cipreses
a las torres, sin ti me estremecía.
Qué desgana esperar un nuevo día
sin que me abraces y sin que me beses.

A fuerza de tropiezos y reveses
la piel de la esperanza se me enfría.
Qué agonía ocultarte mi agonía,
y qué resurrección si me entendieses.

Atardeció sin ti. Seguro y lento,
el sol se derrumbó, limón maduro,
y a solas recibí su último aliento.

Quién me viera caer, lento y seguro,
sin más calor ni más resurgimiento,
gris el alma y frustrada entre lo oscuro.

32

Para desmerecer solo he llegado
a esta precoz o póstuma porfía,
en que el sol y la luna, día a día,
ponen al corazón fiero cercado.

Para romperme al verde y obstinado
cántico de la vida, verdecía,
y hoy me alcanza la hoz de la sequía
para desmerecer acostumbrado.

Más que el amor, la luz. Más que su clara
red, los furores de la hoguera.
Más que el furor, la quiebra del olvido.

Si supiera, la flor no se entregara.
No se abriría el agua si supiera,
ni yo habría hasta aquí tal vez venido.

33

Como se acuesta el perro enamorado
de su dueño a los pies, en la esperanza
de despertarse hablando, mi confianza
contigo cada noche se ha acostado.

Lejos estás, aunque te tenga al lado.
Aunque no mudes, qué veloz mudanza.
A tu corazón último no alcanza
mi último corazón desatinado.

Por conseguirte radical y entero
intenté mil apuestas y posturas.
Me di entre azares yo, tan verdadero,

y confundí acritudes con dulzuras.
Si ahora me voy, amor, es porque quiero,
sin deslumbrarme, adivinarte a oscuras.

34

Por saber tuyo el vaso en que bebías,
una tarde de junio lo rompiste.
Bebió la tierra el agua, limpia y triste,
y ahora tienes la sed que no tenías.

Quizá otra vez vendrán tus buenos días
y bebas sin mirar, como bebiste.
O quizá el vaso en el que te ofreciste
otras manos lo quiebren, no las mías.

Igual que el que de noche se despierta
y busca cerca el agua preparada,
te buscó a ti mi voz y no escuchaste.

Pon a tu corazón desde hoy alerta:
no nieguen a tu sed enamorada
el mismo sorbo aquel que derramaste.

35

Voy a hacerte feliz. Sufrirá tanto
que le pondrás mi nombre a la tristeza.
Mal contrastada, en tu balanza empieza
la caricia a valer menos que el llanto.

Cuánto me vas a enriquecer y cuánto
te vas a avergonzar de tu pobreza,
cuando aprendas —a solas— qué belleza
tiene la cara amarga del encanto.

Para ser tan feliz como yo he sido,
besa la espina, tiembla ante la rosa,
bendice con el labio malherido,

juégate entero contra cualquier cosa.
Yo entero me jugué. Ya me he perdido.
Mira si mi venganza es generosa.

36

Como rasguña un mal peón de brega
al toro noble con su rehilete;
como con su capote un matasiete
la negra majestad rinde y doblega,

a mi ancho corazón tu mano ciega
con estoques de niño lo acomete.
Acaba ya: si quieres irte, vete;
si matar, mata; si negarme, niega.

Ni alegre está mi corazón, ni triste:
en este crimen él no toma parte;
no puede herirte mientras agoniza.

Cuando vuelvas al sitio que perdiste,
en lugar de mi amor has de encontrarte
un testamento escrito en su ceniza.

37

Árabe de Granada tú, y romano
yo de Córdoba, no nos engañemos:
aunque el amor acerque los extremos
siempre algo habrá recóndito y lejano.

En este misterioso mano a mano
en que hace tiempo ya que nos perdemos,
distintos y obligados seguiremos:
así el otoño va tras el verano.

Al verde altivo de sierra Morena
no agravia el filo de sierra Nevada,
ni mi silencio entre tus muros suena.

El agua por tu vega derramada
en mi campiña, oculta, se serena:
como el amor en Córdoba y Granada.

38

Cuando te vas me duelen la mañana,
el ramo de la acacia, el pensamiento.
De tu recuerdo sólo me alimento
y mi memoria sin error se ufana.

Cuando vuelves, la vida se me aplana,
se achica en ti, ya cotidiano y lento.
Pierdo, sin entusiasmo y sin tormento,
la gana de alegrarte la desgana.

Qué puedo hacer con este vaivén triste
que sólo brilla cuando no apareces
y a la razón y al hierro se resiste.

Entre el amor y el desamor se mece:
un amor que marchita y malexiste,
un desamor que vibra y enaltece.

39

Te llevaré de Córdoba a Granada
el redondo silencio y su blancura,
el arcángel que yergue su apostura
en las aguas calientes reflejada.

Te llevaré mi boca sosegada
y el sabio olvido en que la sed perdura.
Te llevaré mi amor, fruta madura
pendiente de tu rama derramada.

¿Qué me ofrecerás tú? La tenue vida
que, entre una alberca y unos artesones,
finge ser y no es, mal compartida.

En este trueque poco es lo que pones.
Y es que, desde que abrimos la partida,
tú me empezaste a dar pares y nones.

40

Como entonces, descalza entre avellanos,
corre aquella agua pero no la oímos.
Te recuerdo, descalzo, por los limos,
dándomela en el hueco de tus manos.

Pasó la eternidad de tres veranos
y nunca más tan cerca nos bebimos.
Fue amarnos todo el mal que cometimos
debajo de los dioses inhumanos.

Condúceme otra vez al himno de agua
donde esos dioses nos adivinaron
y me abrieron estigmas de enemigo.

Que yo, después, te enseñaré la fragua
donde lejos de ti me confinaron
hasta morir, para soñar contigo.

41

Triste de juramentos y traiciones
ya no sé si te quiero o no te quiero.
Si perdonar tu desamor prefiero
o prefiero que tú mi amor perdones.

Eres mi campo de contradicciones:
enemigo hoy, mañana compañero.
Para ser como tú, falso y sincero,
falta haría tener dos corazones.

Ante tus puertas sin abrir me quedo.
Cansado de tu llama y tu tibieza,
ni puedo darte ni pedirte puedo.

No le respondas nunca a mi torpeza,
pues tengo a tu respuesta tanto miedo
que prefiero la duda a la certeza.

42

Tu amor, ayer tan firme, es tan ajeno,
tan ajenas tu boca y tu cintura,
que me parece poca la amargura
de que hoy mi alrededor contemplo lleno.

El mal que hiciste lo tomé por bueno;
por agasajo tu desgarradura:
ni yo abro el pecho a herida que no dura
ni con vinos de olvido me sereno.

Mi corazón te tiene tan presente
que a veces, porque vive, desconfío
que sienta el desamor como lo siente.

Yo he ganado en el lance del desvío:
de nuestra triste historia únicamente
el arma es tuya; todo el dolor, mío.

43

Hoy que el verano va de despedida,
mi corazón del tuyo se despide.
Ni la extensión del mar mi pena mide,
ni sus playas le sirven de medida.

Hoy que esperé la dicha prometida,
que renuncie a la dicha se me pide.
Con las primeras lluvias hoy decide
despedirse la vida de mi vida.

Hoy aparta el amor de mí su sello
y el mundo vaga a tientas sin tu mano.
Nada hay en flor, ni mágico, ni bello…

Busco en el mar, y es un hostil arcano;
busco en el sol, helado y sin destello;
me busco en mí, pero me busco en vano.

44

Cómo retumba, amor, cómo resuena
tu nombre, suelto en flor, por los collados:
su aletear de palomos azorados
ni el orden de la noche lo serena.

Cuánta luna y qué olor de luna llena
empapan con su lino los sembrados.
Brilla tu nombre en los desiertos prados,
y en el tobillo siento su cadena.

Vendrá la luz, regresará la hora
en que, abierta, la luz despavorida
vierta sonora sangre de granada.

Vendrá otra vez la sangre más sonora
golpeando en las llagas de la vida,
pero estará la vida ejecutada.

45

Tan destronado llegas, soberano,
que no he reconocido tus pisadas.
Las músicas de ayer tornasoladas
lamento sólo son de canto llano.

Tú, que aupaste los cielos con la mano
y al pasar derretías las nevadas;
tú, que pusiste en flor las alambradas
y humillaste los fuegos del verano.

¿Quién ha tronchado, amor omnipotente,
tu milagro, tu luz, tu soplo de oro;
quién desgració tu gracia tornadiza,

que te acercas a mí, baja la frente,
y yo bajo la frente al verte y lloro
en un miércoles lleno de ceniza?

46

Alguien tal vez, por estos desvaríos,
conocerá mi riesgo y tus maneras,
después de que yo muera y que tú mueras
y se extingan tus ecos y los míos.

Unos ojos, tal vez secos y fríos,
llorarán este amor que tú laceras
cuando transcurran muchas sementeras
y se hallen enterrados tus desvíos.

La muerte abolirá tu piel oscura,
tus caderas que huían de mi lado,
tu caricia liviana e insegura.

Conducirá, de un golpe, a su reinado,
lo amable y lo cruel de tu figura,
pero tu nombre quedará salvado.

47

El arma que te di pronto la usaste
para herirme a traición y sangre fría.
Hoy te reclamo el arma, otra vez mía,
y el corazón en el que la clavaste.

Si en tu poder y fuerza confiaste,
de ahora en adelante desconfía:
era mi amor el que te permitía
triunfar en la batalla en que triunfaste.

Aunque aún mane la sangre del costado
donde melló su filo tu imprudencia,
ya el tiempo terminó de tu reinado.

Hecho a los gestos de la violencia,
con tu mala costumbre ten cuidado:
tú solo no te hieras en mi ausencia.

48

Dijiste Antonio, y escuché a la vida
cantar, brincar, como un niño pequeño.
Oí a la vida despertar del sueño,
desperezarse ante la amanecida.

Dijiste Antonio, y se cerró la herida.
Como un perro, el amor olió a su dueño,
y el dolor se me puso tan risueño
que se desmayó el alma sorprendida.

Dijiste Antonio así, tan de repente,
tan sin preparación y sin motivo,
que recibí tu golpe en plena frente.

No extrañes que aquel muerto esté ahora vivo:
Lázaro soy tan dócil y obediente
que tu voz me levanta y esto escribo.

49

Irrumpe el sol, y ahuyenta la ternura,
como un grito en voz baja terminada.
De cuanto iba a durar, no dura nada:
sólo una sed de nuevas aguas dura.

Cuánta flor por abril y qué insegura
en el tallo reclama la mirada.
La pleamar, inútil y enfriada,
su sitio recupera y su postura.

Eterno y de cristal, el amor llega,
empavesado y luminoso y lento,
rompiendo sólo el agua con su quilla.

Luego cede, y el mar la herida anega,
la noche ve, despierta el soñoliento,
se aleja adonde siempre la otra orilla.

50

La voz mintiera de las caracolas
y el alcacel en boca de la brisa,
antes que hubiese, a punto de sonrisa,
quedádome con el engaño a solas.

Me arde la boca, ahíta de amapolas,
reclamando tus besos insumisa,
al ver que con tal fuerza y tan deprisa
de mí te arranca el golpe de las olas.

Acuñaré esta herida en los metales
al rojo vivo de mi pensamiento,
pues que llegó alcanzada de tu encanto.

Y sólo que los hondos manantiales
de mi desesperanza viertan siento
para tanto dolor tan poco llanto.

51

Tengo la boca amarga y no he mordido;
el alma, atroz, y la canción, tronchada.
No sé qué fuerza traigo en la mirada,
ni qué traigo, en el cuello, de vencido.

No sé ni cómo ni por qué he venido.
Esto es todo: llegué; no sé más nada.
No me importa el quehacer ni la jornada,
y me da igual herir que ser herido.

La sangre, a punto, se impacienta y arde
por inundar la alcoba a la que vine,
donde fui tan feliz que fui cobarde.

Sólo pido al amor que no se obstine.
Me sentaré a su orilla cualquier tarde
para que alguien, de paso, me termine.

52

He llegado hasta el último venero
y he regresado sin haber bebido.
Lo que temí perder ya lo he perdido.
Lo que esperé ganar ya no lo espero.

No habrá de hacerse el corazón de acero
a la dura costumbre del olvido,
que anoche en este huerto me ha vendido
un beso en la mejilla traicionero.

Tan sin remedio estoy, tan acabado,
que me alegra saber que al mediodía
estaré, por mi bien, crucificado.

No me traigan vinagre en la agonía.
Será fácil morir si no está al lado
aquel amor que entonces yo tenía.

53

Si ya no vienes, ¿para qué te aguardo?
Y si te aguardo, di por qué no vienes,
verde y lozana zarza que mantienes
sin consumirte el fuego donde ardo.

Cuánto tardas, amor, y cuánto tardo
en rescindir los extinguidos bienes.
Ya quién me salve no lo sé, ni quiénes
clavan al alma dardo sobre dardo.

A la mañana, que se vuelve oscura,
sigue la noche, que se vuelve clara
a solas con tu sed, que hiere y cura.

No quisiera pensar si no pensara
que, privado que fui de tu hermosura,
me olvidara de mí si te olvidara.

54

Hoy encuentro, temblando ya y vacía,
la casa que los dos desperdiciamos
y el vago sueño del que despertamos
sin habernos dormido todavía.

Acordarse del agua en la sequía
no hace brotar ni florecer los ramos.
¿Dónde estás, dónde estoy y dónde estamos?
¿Qué fue del mundo cuando amanecía?

Hoy me pasa el amor de parte a parte.
Temo encontrarte y no reconocerte.
Temo extender la mano y no tocarte.

Temo girar los ojos y no verte.
Temo gritar tu nombre y no nombrarte...
Temo estar caminando por la muerte.

55

Le abriste tu jardín y, conmovida,
se me instalaba el alma en sus umbrales
ante la gracia en flor de tus rosales
y ante tu flor recién amanecida.

Se extasiaba en tu sed, en la encendida
promesa de tus labios veniales,
y creyó terminados ya sus males
por virtud de tu mano bienvenida.

Tendió sus dedos a tu luz: brillaba,
se alzaba hasta tus ojos, los besaba
con la fatiga en paz de quien se entrega.

Y alegremente mi alma repetía:
«Hoy amanece azul. Hará buen día»,
mientras tu mano la dejaba ciega.

56

¿Quién hablará de ti cuando termine
la sangre y brote yerba de esta herida?
¿Quién será el pregonero de tu vida
si es mi voz quien la crea y la define?

A tu indeciso resplandor yo vine
por convertirlo en llama enardecida.
Ahora te deja a ciegas mi partida
sin mano y sin calor que te encamine.

Me llevo mi palabra de reseda,
mi alta noche, el enjambre de mi estío,
la verde multitud de mi arboleda.

Me llevo, sobre todo, lo más mío:
un corazón sin fin. Sólo te queda
lo único que tenías: el vacío.

57

Porque me vienen siempre al pensamiento
tu esquiva condición y mi quimera,
me rinde, amor, tu falsa primavera,
confundidos en mí risa y lamento.

Quisiera deshacerme en un momento
de memorias amargas, y quisiera
abolirte de la árida ladera
por la que hoy sólo hablar se escucha al viento.

Se acercan otros labios a decirme
que es posible olvidar, que tu alegría
fue un milagro que el tiempo no renueva.

No puedo defenderme sin herirme.
Va el tiempo sordomudo, y todavía
no sale el sol y en la llanura nieva.

58

¿Quién podría decirle qué bien huele
a la rosa, en su tallo ensimismada?
¿Cómo poder quejársele a la espada
de que su voz de acero corta y duele?

¿Es enero culpable de que hiele
los ramos olorosos su llegada?
¿Puede el amor, que alegra la mirada,
impedir que el amor la desconsuele?

Trazan las firmes rayas de la vida
en la mano la red de sus caminos
como una oscura e incurable herida.

Nadie elige ni muda los destinos:
cuando más necesita su venida
se van del olivar los estorninos.

59

Hoy me despierto de un amor; libero
mis manos de una pena; desencanto
mi voz, que se cerraba a cal y canto
en la rotunda celda del «te quiero».

Hoy vuelvo a ser el que era: verdadero,
no me enturbia los ojos ningún llanto.
Restablecido ya de mi quebranto,
me reconozco como compañero.

Entonces, ¿por qué encuentro tan distantes
el mundo que fue mío, la armonía,
la soledad que fueron mías antes?

¿No seré nunca más el que solía?
¿Me habré perdido yo con los amantes
en que otro yo pensé que se perdía?

60

Me desentiendo de tu algarabía,
de tu mudo escapar me desentiendo.
Ya voy conmigo estando y transcurriendo
sin hielo tuyo, sin candela mía.

Que me asumiera quise el mediodía,
y me fui al mediodía oscureciendo.
Para morir bastó, tarde lo entiendo,
poner tu amor en trance de agonía.

La luz vendrá, lo sé, cuando amanezca,
quizá con alborozo me florezca
la desamada selva en que me pierdo.

Hoy no quiero tenerte ni olvidarte.
Donde estoy quiero estar que, por amarte,
te habré de amar mejor en el recuerdo.

61

Déjame ahora, amor, que te maldiga
con la palabra amarga y el castigo.
Déjame que me sienta tu enemigo
y a gritos déjame que te lo diga.

En la colmena, en la cuajada espiga
yo levanto mi voz y te maldigo.
En el tesoro de la miel y el trigo,
en el fugaz vilano y en la ortiga.

Maldito seas en las pleamares,
en el jazmín, el ónice, la arena,
en el sirguero y en su verde ramo.

Maldito en el jacinto y los azahares.
Y, en la albahaca, el junco y la azucena,
maldito yo también porque te amo.

62

Hoy vuelvo a la ciudad enamorada
donde un día los dioses me envidiaron.
Sus altas torres, que por mí brillaron,
pavesa sólo son desmantelada.

De cuanto yo recuerdo, ya no hay nada:
plazas, calles, esquinas se borraron.
El mirto y el acanto me engañaron,
me engañó el corazón de la granada.

Cómo pudo callarse tan deprisa
su rumor de agua clara y fácil nido,
su canción de árbol alto y verde brisa.

Dónde pudo perderse tanto ruido,
tanto amor, tanto encanto, tanta risa,
tanta campana como se ha perdido.

TESTAMENTO ANDALUZ

SIERRA DE CÓRDOBA

El olvido no existe. La belleza
se añora sin cesar y se persigue,
memoria y profecía de sí misma.
La belleza es un sino, lo mismo que la muerte.

Teníamos once años,
y la palabra abril significaba
igual para los dos...

Puede el amante
dejar de amar, pero, ay, amará siempre
el tiempo en el que amó:
cuando, al amanecer,
cabía el mundo entero
dentro de una mirada;

cuando al amanecer rompió a cantar
lo que no se sentía con fuerza de decir.

Playa de El Palo

Aún eres mío, porque no te tuve.
Cuánto tardan, sin ti,
las olas en pasar...

Cuando el amor comienza, hay un momento
en que Dios se sorprende
de haber urdido algo tan hermoso.
Entonces, se inaugura
—entre el fulgor y el júbilo—
el mundo nuevamente,
y pedir lo imposible
no es pedir demasiado.

Fue a la vera del mar, a medianoche.
Supe que estaba Dios,
y que la arena y tú
y el mar y yo y la luna
éramos Dios. Y lo adoré.

ALHAMBRA

Contra la llama, sólo la llama.
Contra el agua, la flor del arrayán.
Bajo los artesones constelados
pronunciaste mi nombre.
Repítelo. «Todo está mal.» Repítelo.
«Es malo todo.» Repite tú mi nombre.

Contra mi llama, sólo tu llama.
Se debate el amor, crepita, rasga, esquiva,
muerde, se encrespa
lo mismo que un cachorro
del que ignoramos si juega o nos devora.

Tu voz me da la fuerza
contra la fuerza. Nómbrame y viviremos.
Necesaria es la muerte;
necesarios, los dioses despreciables.
Pero si tú me nombras…
Ah, si tú me nombraras…

ARCOS DE LA FRONTERA

Alcaravanes llegan
a comer de tu risa.
Yo acaricio la cal
como si fuera un cuerpo…

Nada es sueño en el Sur,
sino realidad
morena y desvelada.
Abajo, el verde río,
los ojos destelleantes;
arriba, estrellas de oro
donde habitan hermanos indecibles;
en mí, glorificado,
cantando de hermosura,
tú, sin necesitar
que mi amor te embellezca.

Goza hoy; no descuides
obedecer tu encargo de alegría
antes de que la noche se desplome.
Y, cuando yo regrese,
erguido entre los cielos, entre los altos cielos,
me estarás aguardando.

SEVILLA

A la hora del ángel
reconozco un perfil desconocido
en patio, en aire, en rejas...
Lo cotidiano es tan inescrutable
como simple el milagro.

Tu belleza no fue
sino un ardid de mi destino,
ya que así designamos
a nuestro anhelo sólo.
Envejecer es irse acostumbrando;
pero jamás el tiempo
profanará tu rostro.
Lo eterno es este instante.

Cuando se empequeñezca
mañana el don de hoy
para caber entre mis manos,
la vida y tú seréis la misma cosa,
pues tu recuerdo llevará su nombre.

Hoy murmuro «te amo»,
y el tiempo y sus laureles

lo murmuran conmigo.
La luz soy de tu fuego, y en ti ardo.

Níjar

Fue la primera noche.
En la niebla, las voces del jazmín,
el crujiente salitre,
la verdad lloviznando sobre el mundo
en estado de gracia.

El destino furtivo
por áridas laderas
busca las aguas dulces.
«Todo va a ser distinto
de lo que fue», prometes.

Avanzas en la niebla junto a mí;
Troylo, aún no nacido, salta al lado tuyo,
y yo te echo de menos, entre espartos
que al pisar no lastimas.
De pronto, ya no estoy.
«Adiós», os digo, y me despojo
del sueño que soñaba.

En el amanecer
me despiertas con besos exigentes.
Sé que sigo soñando y que estáis muertos.
«Vuelvo en seguida», os digo.

ALBAYZÍN

Pendiente de una mano,
me extraviaba y me recuperaba.
Hay noches en que dudan
de su divinidad los propios dioses,
y en un sorbo fugaz caben los mares.
¿Por ventura sabemos
qué es lo que cae y qué lo que se eleva?

Albayzín, Albayzín,
niño desorientado,
donde el agua da sed,
y el amor es un carmen de cipreses inmóviles
al que siempre se vuelve.

Yo estoy vivo y tú muerto,
o muerto yo y tú vivo: ¿qué más da?

Nuevamente, más tarde o más temprano,
aquí coincidiremos.

CARTUJA DE JEREZ

Se desvanece el mundo,
carne de nuestra carne,
pero no algún momento.
Hoy me complazco
a la sombra del día que pasó,
y permanezco allí
contemplando ante un río...

Todo está dentro de nosotros,
y nosotros en todo:
no es necesario hablar.
¿Quién será aquel
cuyo designio nos conmueva?
¿Quién transforma
en divino un oficio?

A tu lado, caminaré sobre las aguas.
Ni los ángeles malos,

ni los dioses de ayer,

ni el sangrante demiurgo

tienen la potestad de destruirnos.

No temo ya: si huyo,

será hacia ti y contigo…

Acogido en la muerte,

quisiera ser ceniza;

pero, si duermo en ella,

dormiré entre sus brazos.

SIERRA DE ARACENA

No preciso memoria

para sentir tu mano aquella tarde.

Aquella tarde es ésta…

Desmemoriados y jóvenes, los dioses

se alejan de nosotros

sin volver la cabeza;

pero acaso no sean

la razón de este mundo.

Terminado en ti mismo,

silencioso, remoto, casi ausente,

sosteniendo el paisaje —ya paisaje—
no te sonrías, no te muevas tú…
¿A quién convenceré de que exististe?
¿En vano se consumó el destino?
¿La plenitud es sólo
un tema para un cántico?

Miro a la tarde aquella
para vivir. La miro,
y renace el destino a cada instante.

GUADALQUIVIR EN SANLÚCAR

Cuando ya iba a morir, volvió la cara.
Vio el rosa de la sal, los anchos cielos,
el temblor del trasmallo, las aves migratorias.
Vio el jazmín, la pineda,
trigos, olivos, cantes destrenzados.
Vio la belleza que no atardece nunca…

Se vio a sí mismo: pródigo,
pacífico y sapiente,
y enriqueció la tierra con su huella.
Nunca tuvo más fin ni más principio…

Al despedirse de la Andalucía,
sintió el sabor salado de la muerte...
Guadalquivir mi corazón se llama.

Tobías desangelado

1

Nueva York

Antes de haber llegado,
sobre el Empire State
oponiéndote al aire.
Y el aire te llevaba.

Antes de haber venido,
sobre la Estatua de la Libertad
oponiéndote al aire.
Y el aire te mecía.

Antes de conocerte,
sobre mi corazón
oponiéndote al aire.
Y el aire te besaba.

2

Boston

Pero no oías,
pero tú no oías.
El aire levantaba su alta torre;
levantaba el amor su alta veleta.
Pero no oías.
La caricia del Norte silenciosa,
la caricia del Este atormentada;
pero no me oías,
pero tú no me oías.
Y el aire, más alto que los dos,
tan asombrado,
caliente nos miraba.

3

Santa Marta

Nadie mojaba el aire
tanto como mis ojos.
Me decías: «¿Trabajas?»
Me decías: «¿Ya es la hora del té?»
Y yo no te decía: «Te amo»;
no te decía:

«Eres todo lo que tengo»;
no te decía:
«Eres la única rosa en la que caben
todas las primaveras.»
Me decías:
«Adiós, hasta mañana.»
O me decías:
«¿Necesitas algo?»
Y yo no te decía:
«Me estoy muriendo
de amor… Me estoy muriendo.»
Nadie mojaba el aire
como yo.

4

Girardot

Soy una miga de pan
caída de un convite.
Ni Dios me sabe a nada,
ni estoy solo, ni amargo
e ignoro mi dulzura.

Hasta que a mí llegó
el Arcángel sonoro.

Ángel, abrázate
al sol de par en par.
Abarca con tus alas
el aire, arrópalo.

Tú eres rosa y león.
Tu rugido perfuma y tu flor ruge.
Escalas por la luz
y tus pies me lastiman.
Pero el dolor de un ángel es sagrado.

5

Cartagena de Indias

Pastorea el mar las olas
y las apacienta sin tregua.
Cuando se aleja el sol,
el mar corre tras él con su rebaño.

La cumbre tiene el monte;
tú me tienes a mí que te sostengo.
Un pájaro de luz
fuimos y sola una razón.
Ninguno de los dos sobrevivimos:

yo, al alto vuelo;
tú, a la profunda mina.

Ahora el Ángel no está ni está Tobías.

6

Popayán

Era invierno, llegaste y fue verano.
Cuando llegue el verano verdadero,
¿qué será de nosotros?
¿Quién calentará el aire
más que agosto y que julio?
Tengo miedo
de este error de los meses que has traído.
¿Quién es nuestro aliado: tú o yo?
Cuando llegue el verano
quizá el aire esté frío…
Era invierno y llegaste.

7

Bogotá

¿La luz está en el aire o es el aire?
Bebo la luz, te bebo, me iluminas.

Ardo en ti, te ilumino…
Somos sólo una llama,
la única llama erguida en el centro del aire,
alimentada por el aire,
trepando por el aire.
Yo soy tú, tú eres yo.
No somos sino un vaho en el espejo
del aire transparente, reflejados
uno en el otro, creciendo uno de otro
como el aire y la luz…
Somos la llama viva.

8

Homenaje a san Juan de la Cruz

Volé contigo, amor, volé, volaba.
El cielo, en flor azul y niño, se admiraba
de un vuelo tan en flor que no se oía.
De tu vuelo mi vuelo dependía.
Con tu aire mi aire se aireaba
y a mi ala la tuya enamoraba.
Como un niño, en tu cuna, me mecía.
Y el ventalle de cedros aire daba.

9

Un bicéfalo cóndor
surca de pronto el aire:
se cierne y se descuelga, infinito,
sobre sí mismo. Cabe
todo el cielo en sus alas.
Su transparente condominio
lo mece y le abre paso.
Refulgen al sol el doble pico,
la cuádruple mirada.
Un solo corazón
lo eleva y lo alimenta.
Todo está en él. Él manda.
Él aclara el enigma de la esfinge,
desenreda la confusa madeja
del destino, constela con sus soles la noche,
desafía la enhiesta cordillera.
El amor es ese cóndor bicéfalo.
Y nuestro corazón, su corazón...

10

Barranquilla

Esta historia es la historia
de un viaje enamorado.
Tobías y el mancebo
se buscan a sí mismos,
a través del camino
del otro. Por el aire del otro
aleteando.
Se buscan en el otro y no se encuentran
porque el otro está en ellos.
Han de buscar al otro
para encontrarse al fin.
Juntos y el mismo
cuando concluya el viaje.

11

Santa Marta

Ángel, Ángel, Tobías.
El aire de tus alas mueve mis alas.
¿Quién eres tú? ¿Quién soy? ¿Adónde vamos?
¿Adónde me remontas?
Ven tras de mí, despega, arriésgate.

Ay, la tierra se pierde. Nos perdemos.
Pero adónde, hacia dónde.
Tú hacia mí, yo hacia ti.
Un ala tienes tú; yo, la otra ala.
Ángel, Tobías, vamos.

12

San Juan de Puerto Rico

Y la luna eras tú.
Una luna creciente, blanca, fría.
Mirabas hacia el mar y hacia las cosas
que no eran yo.
Y con cuánto silencio te gritaba
—creciente, blanco, frío yo también—:
«Mírame, mírame,
ay, mírame mirarte...»

13

Cartagena de Indias

Por lentos corredores,
lóbregos pasadizos, subterráneos
húmedos en los que la gloria

había perdido la batalla.
Por salas abolidas donde el aire no existe,
por arpilleras a través de las cuales
el aire se adelgaza.
Sobre el mar estaño y plata y plomo,
Laocoonte furioso en la bahía.
Bajo los árboles en flor cuyo testimonio
nadie busca y son los únicos testigos.
Junto a flores insólitas
cuyo nombre suena a abalorios.
Apoyados contra las piedras corroídas
al pie de los aleros y los anchos balcones...
Soñando ya en volver
antes de habernos ido.

14

China

El viento se metía por mis ojos
en las almenas de la Gran Muralla.
Ninguna defensa vale contra el viento
que me despeina el amor al mediodía...
Una mirada y se paraba todo:
sólo un sorbo de ti sostiene el cielo.

Te incorpora el recuerdo al lado mío
y mi mano acaricia tu lento y largo muslo
y tus ojos, que el polvo
de la mañana oblicua y entrecierra.
Bésame al sol. Bésame al sol.
La historia de esta tierra es nuestra historia.
La Gran Muralla
no nos separa: nos une con el mundo.

15

Tumbas Ming

En busca de las trece tumbas
de emperadores muy antiguos,
cruzo un paisaje florecido y joven.
Cuánta serenidad bajo la luz eterna.
El poder nada garantiza;
nada asegura la vida, ni ella misma.
Transcurrió la grandeza.
Muertos yacen, olvidados sus nombres,
los miembros de las altas dinastías.
Los vivos una efímera ventaja
tenemos sobre ellos,
y la certeza del final.

En busca tuya, ausente,
tenso el camino que me ata
a tus fúlgidas alas.
Ingenuo como un muchacho antiguo,
el panorama indiferente brilla
en biombos verdes y en armarios de oro.
El amor se estremece,
celeste y desahuciado,
bajo las golondrinas.

16

China

En mi Palacio de Verano tú eres
el Pabellón para Sentir la Primavera,
mi quimera y mi fénix,
mi trono rodeado de juguetes de esmalte
tapizado de sedas amarillas,
mi colina de petunias moradas
y mis guardas de fucsia y de turquesa.
Eres mi brillante guardarropa de teatro
de la dinastía Ching con sus tres plantas,
mis recargados muebles, costosos e inusados,
mis uñas imposibles de emperatriz Ci Xi,

mi fuente de los diecisiete arcos sobre el lago
y mis pérgolas de glicinas.
Eres mi Puerta de Invitación a la Luna
y mi galería interminable.
Eres mi Rey Mono, invencible aliado,
mi isla con el Templo del Dragón,
dentro de mi lago artificial,
y mi dragón más blanco
que por algún error desconocido
no puede apenas caminar.
Eres mi Templo del Incienso de Buda,
tan bello en lo alto solamente,
desde la Puerta que Aleja las Nubes...
No vivía ni bien ni mal la gente aquí
sino como quería, y tú lo sabes.
Porque eres mi paseo entre dibujos
y mi palacio tras el paseo
y mis pabellones bajo la bruma
y mis paisajes prestados para
completar mi paisaje.
Eres mi Pabellón del Grito de la Grulla
—hoy transformado en restaurante—
y mi barco de vapor construido en mármol
                              [blanco...

falso naturalmente.
Como todo en este Palacio de Verano
hecho con el dinero de la Armada.

Y eres mi pertiguero sobre el lago,
y mi cieno bajo las balaustradas,
y mi emperatriz y mi emperador
y mi joven sobrino
que van a morir con un día de
diferencia sólo, de una muerte
falsa también...

    Tú para mí eres todo.

17

       Xian

Aquí transcurrió otra historia de amor.
El reino contra la favorita,
al lado de las rosas y los sauces
a las orillas del estanque esmeralda.
En contra del amor el reino entero,
y el amor contra el reino...
Todo venció al amor. Sucede siempre:
una cinta de seda terminó
con la vida de Yang Qui Fei.

La victoria sabía a sangre y lodo.
El poder jamás recuperó
su sentido.
Concluyó la belleza para siempre
y desde entonces llueve sobre el mundo.
El lago verde ya no refleja su rostro,
ni la flor del granado su sonrisa.
Las gárgolas no ríen,
ni las gruesas perlas sobre los lotos.
La montaña carece de justificación
y las rosas no preguntan por ella.
Una cinta terminó con la vida
de Yang Qui Fei, la favorita:
era un regalo del amante Emperador.

18

Shanghai

Pero nunca pensamos
que en Shanghai me sirviera
aquel regalo tuyo tan inútil.
Nunca pensamos
que, separados ya,
en Shanghai había de recordarte

en el Jin Jiang Hotel,
a lo largo y lo ancho de una habitación
tan grande como toda una casa,
sobre una cama grande,
mientras me ponía aquel regalo
tuyo, tan inútil.
A lo largo y lo ancho de una noche
tan grande como toda una vida.
Tan inútil sin ti
como el regalo aquel
que nunca imaginamos,
separados tú y yo,
que pudiera servirme
una noche en Shanghai
de luna llena.

19

Shanghai. Escuela de la ópera

Por primera vez han sustituido
el espejo por los espectadores.
Sonríen al aire, a la nada,
a su propio temblor de principiantes,
con sonrisa obligada.

Como los enamorados iniciales;
como tú y yo cuando nos enamoramos
cada uno de sí mismo en el otro.
El abanico y el pañuelo
son su efímero apoyo.
Andróginas y débiles,
omnipotentes gesticulan
y atraen, atraídas tan sólo por su ritmo.
No saben aún qué caricias
las estremecerán. Son como el agua
que nadie ha bebido todavía,
y en sí misma se goza
con el vago y remoto
presentimiento de una sed.

20

Hotel de La Habana

Me has subido a tu cielo. Recogiste
corbatas, pantalones, calcetines
—ese atuendo mortal
con que el hombre disfraza su ternura—
y ascendiste hacia el sol, hacia la última
terraza de la mañana de oro y seda.

Cabrillea la mar, nos guiñan
la mar y el aire asidos de la mano.
Corre el agua en algún rincón secreto.
La belleza que el hombre corrompió,
severa y desconchada se ofrece a nuestros ojos.
Revestir de belleza la belleza
no es ya posible: sólo desnudarla
también del desconchón y la severidad
hasta que quede a solas, tiritando,
esperando sin saber qué ni cómo
en mitad de la noche ilusionada
lo mismo que mi alma.
Mi alma, que oye correr el agua a chorros
en un rincón secreto
en donde tú, ángel desnudo, te lavas y dispones
sin saber para qué tampoco ni hacia dónde.

21

Trinidad

Quien urge aquí es la vida, no la inmortalidad:
la vida, breve y rápida,
con sus manos de arena.
Nos llama desde las verdes palmas,

desde el mar incitante,

desde las nalgas prietas y las negras pupilas.

«Ahora», nos dice, y tiende

su copa de ron claro

llena de ritmo y ansia.

Quien urge aquí es la vida, no el amor.

                                        Y fugaces

las caricias espesas,

el recíproco gozo

efímero y caliente,

la común aventura de la carne

bajo el árbol en flor.

Entre el aire impaciente,

bajo la sorda y muda tutela de los cielos,

quien urge aquí es la vida.

22

                    La Habana Vieja

El rey es un pretexto para el cántico.

Al final del reinado

el rey debe morir.

Larga o corta la estrofa,

el fin será invariable…

A manos de mujeres feroces y excitadas,
traspasado por lanzas,
abatido por hachas repentinas,
abrasado en la pira, despeñado
por farallones tétricos o alegres,
envenenado, mordido
por la daga, sumergido
en los hondos estanques, quebrantado
por las veloces y pesadas ruedas de un carro,
estrangulado por el abrazo o por la soga...
El sino del amor no es otro que la muerte.
Tendido a lo largo de tu cuerpo la espero,
ya inmerso en la agonía.
En el aire de oro
la última estrofa suena.

23

Vedado

Tras los infructuosos gestos del amor
—verde, azul, rosa, blanco—, ya amanece.
Cómplice la ciudad, abajo,
tendida como un eco irreflexivo,
su nacarada concha y su mar bostezante
exhibe con un dedo en los labios.

Todo continúa
como antes de mirarnos a los ojos.
Nuestros renovados balbuceos,
la torpe afirmación
de un cuerpo en otro cuerpo,
el sinuoso camino de la gloria
carnal, no mudaron el mundo.
Sobre la mesa, la compasiva medicina,
la pantalla que suavizó la luz, la quemadura
de un olvidado cigarrillo,
y restos de la impaciente lucha.
Al otro lado del balcón
—verde, oro, plata, malva— ha amanecido.
Encima de la cama, desnudo como un sueño,
a la par derrotado y victorioso,
aún me reta tu cuerpo.
Nada ha cambiado. «Buenos días.»

24

La Habana Vieja

A los antiguos ídolos que el tiempo oscureció
y a la ceiba que preside el templete de la
                          [primera misa;

a los remotos dioses
de religiones inimaginables
en todos los lugares sagrados de este mundo,
y a los echadores de caracoles y de cartas
en sus negros santuarios.
A todos les consulté y les rogué lo mismo:
que tú giraras alrededor de mí
como la vieja Tierra alrededor del Sol,
y que mi calor te calentara
y que los frutos fuesen benéficos y fieles.
No sé si está en su mano concedérmelo.
No sé si está en la tuya.
Deben de existir más altas instancias
que las más altas que todos conocemos:
a ellas no llegan mis plegarias.
O acaso el más elevado poder
esté en el pequeño corazón del hombre
que nada y nadie puede gobernar...
Salvo un olor, un aire, una mirada,
un modo azul de sonreír.

Habana. Plaza de la catedral

En el profundo cielo, la naciente luna.
Le rezo la oración acostumbrada.
Dentro de esta plaza, cuánta historia:
toda la innecesaria grandeza de los hombres.
Separados tú y yo por nuevos protocolos
que recuerdan a los antiguos ritos,
la luna compartida crece en el alto azul,
lejana plata sin causa y sin valor.
Bajo ella danzarán los danzarines
sus ritmos centenarios:
los que danzaron en los cafetales
recordando sus riquezas perdidas
en la lejana África.
Nada cambia del todo: el alma de los hombres
sufrió al nacer un definitivo deterioro.
Sólo la fuerza del amor
salva un momento la distancia y la muerte.

Río de Janeiro

Creíste que jugaban contigo
cuando te perseguían.
Acosado, acosado, sediento
perro valiente, en la estúpida
escena de los hombres.
¿Quién te engañó? ¿Quién te dijo
que serías tratado con cariño?
Con tu ojo izquierdo saltado, perro dulce,
la lengua colgante y las fauces sangrando,
entre las danzas, inoportuno y tierno,
pateado, expulsado a garrotazos…
¿Me buscaste? Te tuve, tus patas sobre
las mías, tu ojo derecho en mis ojos.
Te acaricié las fauces.
Me mojaste las manos con tu espesa saliva.
Quédate aquí. No vayas más con ellos.
No juegan, no, no juegan. Ése es su carnaval…
Acabarán por matarnos a los dos.
No vayas, quédate.
Que nos maten aquí.

Bahía

¿Cómo comer sin ti, sin la piadosa
costumbre de tus alas
que refrescan el aire y renuevan la luz?
Sin ti, ni el pan ni el vino,
ni la vida, ni el hambre, ni el jugoso
color de la mañana
tienen ningún sentido ni para nada sirven.
Allá fuera está el mar.
allá fuera, en el mundo, estás tú.
Comiendo tú sin mí:
tu hambre, tu pan, tu vino y tu mañana.
Yo aquí, ante los manteles opacos
y la bebida amarga,
ante platos sin sabor ni colores.
Lo intento, sí, lo intento, pero cómo
comer sin ti, ni para qué…
Tú te has llevado tu olor a bosque
y el gusto de la vida.
Fuera están mar y aire.
Dentro, yo solo frente a la mesa puesta
que ha perdido su voz y su alegría.

La Habana

Dejé de amarte, no sé por qué, en La Habana.

Un martes tres de junio.

El sol radiante, el aire amotinado.

Mi corazón en paz volvió la cara.

Amamos, desamamos…

Ida y vuelta, o puede que al contrario.

Depende de aquello que busquemos,

y en dónde lo busquemos.

Me detuve un momento entre tus brazos:

no los olvidaré.

Sin embargo, me he liberado de ellos

no sé por qué, y tampoco

supe por qué quise que me apretaran.

¿Vi tus defectos de repente?

¿Estuve ciego ayer u hoy estoy ciego?

El hombre es el que ignora

más de sí mismo. Y es bueno que así sea.

Hoy evoco los gentiles
cuerpos que amé.
Las hermosas formas que poseí,
los delicados miembros,
las largas piernas, los musculados brazos,
los tersos torsos que me emocionaron.
Ellos me dieron vida,
intensidad de goce o sufrimiento;
me dieron cuanto le puede dar un ser a otro:
el amor entero como una flor hirviente.
De nada me arrepiento:
yo también me entregaba.
Hoy evoco cuanto tuve y no tengo
en el sosiego que hoy tengo y que no tuve.
Agradezco la generosidad
de aquellos otros cuerpos con el mío,
y el ardor y la dicha y la esperanza.
Ellos me hicieron como soy.
Fueron caminos para llegar a mí.
Ojalá mi cuerpo les sirviera
también para encontrarse.

Caribe

Como un animal agradecido y tierno
la mulata sonríe sin cesar:
le divide su oscuro rostro la alegría.
No sabe a quién, no sabe bien por qué.
Quizá porque está viva y ha comido y hace
                          [mucho calor
y tiene un traje nuevo
y fruta bastante madura que ofrecer
y esta semana le regalaron algo
y hay un hombre, frente a ella,
que la acariciará
y a quien ella podrá ofrecer
su dadivoso cuerpo.
No le apasionará probablemente,
pero se regocijará pensando
que alguien con ella se siente vivo y olvida las
                          [fatigas
y se estremece y grita de placer.
Es su cuerpo lo único que tiene,
lo único que puede conceder con largueza
como esa fruta madura de su bolsa.

Algo para morder y devorar,
algo que llene la boca de alguien
y se le derrame, dulce, luego desde su boca
igual que la sonrisa por esta cara oscura
tan natural y antigua como el mundo.
¿Por qué no aprendes de ella?

31

Madrid

El incesante monólogo del mar
me despertó con irritadas consonancias.
Tendí mis manos a tu almohada y estreché
el aire de tu ausencia.
Tú ya no estabas. Había acabado el viaje.
Cada uno en su lecho solitario,
en adelante oiríamos el mar inexistente.
Tu cuerpo, una vez más, fue aire tan sólo
y mi abrazo fue aire
tan sólo una vez más.
Imaginé el arco de tus cejas,
tus infantiles párpados,
el abandono de tus piernas,
tus manos, dóciles a cuanto en el sueño se les
[pide...

Imaginé: nunca había hecho otra cosa...
El incesante monólogo del mar
así lo repetía.
Cuanto vive en la realidad posee
su propia fragancia y su sonido;
no es eso lo que debe
despertar la mañana...
Imaginé, como antes, como siempre, otra vez.

32

Murcia

Mientras yo te besaba
te dormiste en mis brazos.
No lo olvidaré nunca.
Asomaban tus dientes
entre los labios: fríos, distantes, otros.
Ya te habías ido.
Debajo de mi cuerpo seguía el tuyo,
y tu boca debajo de mi boca.
Pero tú navegabas
por mares silenciosos en los que yo no estaba.
Inmóvil y en silencio
nadabas alejándote

acaso para siempre…
Te abandoné en la orilla de tus sueños.
Con mi carne aún caliente
volví a mi sitio:
también yo mío ya, distante y otro.
Recuperé el disfraz sobre la arena.
«Adiós», te dije,
y entré en mi propio sueño
en el que tú no habitas.

33

Alicante

Bajo los fuegos de fugaces colores
que iluminan el aire de la noche,
dame tu mano.
Mira abrirse las palmeras doradas, rojas, verdes;
caen los frutos azules de la altura;
rasgan el negro terciopelo
las estelas de plata…
En tus ojos yo veo el frío ardor,
artificial y efímero
de los castillos que veloces surgen
y veloces se extinguen.

Dame tu mano: es todo cuanto tengo
en medio de esta falsa
riqueza, de esta dádiva
que fugazmente se otorga y se consume.
Así es todo: organizado y yerto
brota el amor, crece, se desparrama, se hunde,
vuelve la oscuridad
en la que, previsto y bien envuelto, yacía.
Nada, nada…
Dame tu mano. Entre los irisados estampidos
alegres sólo para los alegres,
se esfuma el corazón, igual que una girándula
demasiado mojada para arder o dar luz.
En este tornasolado e intrincado bosque
dame tu mano para que no me pierda.

34

Mediterráneo

Mi cinturón aprieta tu cintura,
y tu sonrisa, mi corazón.
Sobrevolamos las islas indecibles
y a nuestro paso las nubes se disipan.
¿Cómo regresar al beso y la armonía

sin que la respiración se entrecorte?
¿Cómo planear la noche compartida
después de tanta ausencia?
Sólo el aire es aliado nuestro
porque nuestro deseo es de aire puro.
Cuando descendamos a la tierra
las alas deberán seguir batiendo:
el aire de las alas
es nuestro sostén único
y las alas del aire nuestro lecho.
Desembocan los ríos en los mares azules
como en tu pecho desemboca el mar.
Abrázame en tus alas
para que otro aire no me roce
sino tu aliento, del que vivo y muero.
Bajo el cielo impalpable
hecho de luz y espera,
abrázame, amor mío, con tus alas.
Abrázame sobre la corrompida
ciudad sagrada de los hombres.

35

Roma

En el caliente Caribe,
sobre el mar de la China,
en el alto cielo de Roma,
cien veces navegando
entre los astros andaluces
—y siempre, siempre, siempre
reflejada en los brillantes ojos de quien amaba—
yo te he rezado, luna llena,
corona indiferente de paisajes hostiles,
para que al volver me encontraras
entre el amor y la alegría.
Un día habré yo muerto
y mis cenizas esparcidas
se enfriarán bajo los plenilunios,
tibias aún en el recuerdo
de la felicidad pasada.
No sé yo si la muerte
es también tu enemiga;
sé que serás testigo
de que viví con creces
en medio de la rosa

cegadora del mundo.
Tú que viste cómo se confundieron
Tobías y su Ángel, en los linderos de la
[divinidad,
tú sabes que tan sólo la vida
puede justificar el largo absurdo de la muerte.

36

Termas romanas

Cuanto sé del amor es que se acaba;
pero su rastro perdura
más que el bronce y la piedra.
Se renueva el amor entre sus propias ruinas
como el vuelo del pájaro,
como la flor efímera y eterna,
como el aire invisible.
Sobreviven las obras del amor:
sus altas torres, sus truncadas columnas,
sus palabras, que no son casi nada
y por eso permanecen con más facilidad...
Convocados por la muerte, antes ya de nacer,
fueron su gesto, la deslumbrante risa,
la caricia que encendía el sol o lo apagaba,

su lengua poderosa,
la dalia de su aliento.
Y, sin embargo, cuanto no era él
sino la sombra de él no morirá jamás.
Sólo una huella refulgente
es testimonio de que aquí él estuvo.

37

Copenhague

¿Esto era la felicidad?
Tener un rastro como el perro tiene su husmo,
saber de repente que todo es aliado,
que la vida me estrecha
entre sus brazos maternales.
Y no temer ya nada,
ni que se desvanezca el indecible abrazo…
Pero, si desaparecieras
tú, ¿te lo llevarías
como te llevas el color de tus ojos,
o la dejarías un poco junto a mí
como dejas tu olor?
Como dejas el aire batido por tus alas,
que tarda en restaurar

su inmovilidad previa
y no consigue nunca restaurarla del todo,
y en eso exactamente el recuerdo consiste:
en no ser ya lo mismo...
No lo sé. No lo sé.
No lo quiero saber... No me pregunto nada.
Es esto la alegría.

38

Alhaurín el Grande

Dices «me voy», y no te vas ni puedes.
El ala que de mí te alejaría
la muevo yo, porque también es mía:
yo soy la condición de tus mercedes.

Tú me enredaste, Arcángel, en tus redes.
Volar sin mí, imposible te sería.
porque soy tu pretexto de alegría
y la condena de que aquí te quedes.

La ocasión de tu humana vestimenta
mi necesidad fue; no alardees tanto,
que yo aprendí de ti más de la cuenta.

Si no te gusta el aire de mi canto,
otro aire celestial distinto inventa;
pero estaremos juntos entretanto.

39

Málaga

Por encima del hombro de la dicha
yo aceché la llegada
de otra dicha mayor.
Perdí el hoy y el mañana:
tú no vuelves dos veces.
Debió satisfacerme
tu disfraz de mancebo,
o debí adivinarte —divina adivinanza—
y asirte de las alas, entonces no visibles,
para que no te fueras, por encima del hombro.

40

Atlántico Norte

No era una isla, no;
no era una nube.
Era, desde tu vuelo,

un tropiezo del mar.
Era un tartamudeo,
una pausa para reemprender,
un breve guiño cómplice,
una pértiga blanca, un traspié consistente,
una comba tendida, una sonrisa, un ala,
una manera de decir: «Estoy
aquí, contad conmigo.
Yo también soy vosotros.»

41

Nueva York

La luz no cae, no cae
sobre tu ala.
Viene, medita sobre sí,
resbala.
La luz, Arcángel, eres.
La luz sois. Y yo soy
sólo lo que me lleva.
Nado en vosotros, nieva
la suave monarquía.
Pleno día.
De vosotros me anego,

y hasta vosotros llego
a través
de vosotros,
luz, luces.
¿Somos tres? ¿Somos dos?
Somos uno quizá. O somos Dios.

42

Kizkulesi

En estas aguas se mezclan
las lágrimas de Leandro y las saladas
aguas del mar.
Aquí acabó la búsqueda
del amor y se anegó su cálida
ansiedad. Hero, lejana,
espera todavía. Ha pasado,
sin embargo, la hora.
Ya no es nada posible.

43

México, D. F. Catedral

Esto lo hizo el poder de los hombres
para engrandecerse en el nombre de Dios.

Y Dios volvió la cara.
El oro, amontonado e implacable,
tapó el quejido,
y se le dio al esclavo la oración
como toda riqueza.
«Esperad —se les dijo— en Dios
y en una eterna bienaventuranza.
Cuanto antes lleguéis a la otra vida,
entre músicas de órgano,
más pronto entraréis en el seno de Dios.
Morid, pues, en seguida.
En las pilas de ónice
el agua bendecida os salvará.
Tenéis la suerte de que el mundo
es sólo para vosotros penitencia.
No arriesgaréis perderos,
ni arder siquiera en el purgatorio
donde quizá los poderosos arderemos...»
Y de repente, bajo tu mirada,
una gata y sus siete gatitos
justificaron esta catedral
donde viven y se aman.

44

El Viento enmascarado
igual que el dios del vino,
inalcanzable, torcido, irrepetible,
con la sierpe emplumada
sobre los hombros, que el viento
de fuera agita y riza.
Todo es tan frágil como en el amor:
los materiales, los perfiles,
el dulce tamaño de las cosas.
Lo grande crece y decae luego,
cuando se manifiesta el nuevo hombre
que lo despunta y que lo quiebra.
El Viento enmascarado
sopla ya en otra parte.
Ha concluido el hermoso
estertor, la bellísima agonía
que enloquecieron con su gozo al mundo.
. . . .

La música y la danza
son formas de rezar
y de dar gracias por el jocundo don

de estar hoy vivos juntos.

Las dulces voces del silbato,

de la ocarina,

del tambor de lengüetas

y el caracol marino,

suben hasta el pie de los dioses

que fingen ser sordos

ante nuestros recados.

. . . .

En el centro está el dios.

Alrededor, danzantes, músicos,

guerreros. Todos enjoyados.

El dios es el más pobre.

Sólo lo adorna su divinidad

para la que los otros se adornaron.

45

POEMAS SIRIOS

Damasco

Llegué ciego, como san Pablo

—o Saulo todavía, igual que hoy yo—,

al barrio que se abre en la Bab Tuma,

y descendí entre piedras…

Él iba de la mano del dios;
yo, sin tu mano.
Volví los ojos con la certeza
de encontrarme los tuyos
—tú, que eras mi Ananías—;
pero no estabas, y yo, ciego,
tropezaba con las esquinas del recuerdo...
Tropezaba con las mañanas luminosas
y el encendido perfume del jazmín
que eres tú; con la felicidad
que es tu sonrisa.

Caído del caballo de la dicha,
la voz tonante
me preguntó por qué te perseguía.
«Por amor —contesté—, por amor solamente.»
Contra el polvo
cayó mi cara, y no vi más.

Tumba de Al Arabí

Atravesé los alimentos terrenales,
las frutas y hortalizas olorosas:
la vida en que se convierte toda vida

que va camino de la vida.
Atravesé tu feraz huerta murciana
para llegar a la tumba en que descansas.
(Aunque no demasiado, porque los damascenos
te acosan con menudas peticiones.)
Y recordé tu historia de la gata furiosa
que respetaba sólo al santo…

Entre los hermosos azulejos azules
—añiles y turquesas—, sobre alfombras gastadas,
bajo las petulantes lámparas de bazar
y los ventiladores, al amparo
de una humilde cúpula pintada,
yaces, Al Arabí,
tú, que sorprendiste a Averroes el sabio
con la sonrisa de tu amor tan segura.
Ahora escucho los cantos del muecín
que apenas te estremecen,
porque has llegado al final de todos los finales:
judío, cristiano, musulmán,
dulce creyente y seguidor
de la religión única del que ama…

Hasta los floreros que rodean tu túmulo
hago resbalar la pequeña limosna.

Al salir, con un hosco y servil gesto cómplice,
el guardián tiende su sucia mano
hacia mi aspecto de extranjero:
tan extranjero como tú, murciano Al Arabí.
Y en la mezquita de Chej Mejidin,
entre neones que rasgan los grandes capiteles
de hoja de acanto, prosternado,
adoro al mismo dios de amor que tú adoraste.
Si bien a una distancia
mucho mayor que lo adoraste tú.

               El Kassium

Al pie del alto monte
la ciudad yace, rendida y encendida.
Bajo la luna llena —y siempre la ven llena los
                                    [amantes—
furtivos besos y suspiros se oyen.

El sonoro cortejo de una boda
cruza la noche. Quienes se casan hoy
ayer mismo aquí mismo se abrazaron;
quizá abajo se olviden.
En este territorio del amor

yo estoy tan solo como de costumbre.

Mientras estrecha una cintura, dice alguien:

«El poeta cantará la belleza de este ardor y esta
[hora.»

El poeta, cansado de cantar para oídos ajenos,

no puede resistirse, sin embargo,

a tanta plenitud…

El olor y los grillos hacen

que la tierra respire,

libre y ajena hasta de sí misma, lo mismo que el
[poeta.

Palmira

Acoge el león a la gacela

entre sus gruesas zarpas.

Ella, confiada,

apoya su frágil pata sobre una.

He aquí la fraternidad del universo,

anterior al primer pecado.

*

Aquí estaba ya todo. Estuvo todo

mil años antes de que el hombre

jugase a renacer, tal un joven valiente,
y fracasara —como siempre— de nuevo.
                    *
Esto lo considero y me deslumbra
porque puedo mirarlo sin tus ojos.
Si tú estuvieras, ay,
me perdería a ciegas en tu dulce mirada
y en tus labios de fruta.
                    *
El dintel, inclinado durante siglos,
aún sigue sin caerse.
¿Cómo en tan pocos años se arruina la belleza,
y su ruina después incólume persiste?
Basta un instante para que el cielo se desplome.
Tú me mirabas y, de pronto,
dejaste de mirarme.
                    *
En este valle de las tumbas queda aún vida,
porque en ella con certeza creyeron sus

                                    [artífices.
Más vida queda que en la mía junto a ti,
.a quien añoro entre estos despojos,
pero en quien ya no creo.
                    *

En piedra aquí el acanto
no ha de reproducirse en cada primavera.
Indiferente, no ha de levantar su áspero tirso,
ni lanzar restallando sus simientes al sol.

*

Dos veces por semana visitaría
tu enterramiento,
y depositaría en él comida para ti,
que poco a poco yo me comería.
Porque los muertos ya no comen,
ni tampoco los vivos que viven de sus muertos.

*

¿Qué es la muerte? Sólo un largo vïaje.
La despedida es triste, sí, pero el regreso
a los brazos amados...

46

Miami. Aeropuerto

Violeta y blanco, como hace quince años,
el aeropuerto de Miami.
Qué asombro: todo igual. Mi corazón tantea,
recuerda, se estremece:
cuántas muertes, cuántos desastres,
cuántas alegrías. Fuera, el atardecer rojo;

aquí, impertérritos, la formica, los ficus

                              [benjamina,

los potos y el violeta.

Sólo algo ha cambiado: un letrero

Wet paint, dice junto a los rodapiés.

Eso es todo; pero quizá ni manche

esta pintura.

Como tu amor, que apenas

dejó huella en mis manos.

47

                    Colombia. Tierra de Fuego

Desde los resistentes pilares arruinados

de un viejo puente,

muchachos delgados y morenos

se arrojan al perezoso Magdalena.

Huele al jazmín de Indias

previniendo el atardecer

y suena una música escondida.

También suena el recuerdo de tus manos

y todo se acumula y se acelera.

Sólo el futuro, exento, no significa nada.

Graznan los guacamayos en su alcándara

bajo la bóveda del mango, y los perros,
ladrando, salen al encuentro
de quien los cuida. El cántico
denso y roto del agua
incesante repica en el regazo
de la tarde caliente...
El mohán del río tañe
su inevitable flauta
y la lavandera y el barquero y el niño
quedan suspensos un instante.
Boga la antigua nave
entre verdes riberas escarpadas;
el azul diluïdo del cielo
agoniza hacia las moradas cordilleras.
Alas de agua apresuran
contracorriente la navegación
entre un temblor rizado
de caprichosos remolinos.
Bajo el remo ancho y corto
del lubricán saltan los peces
y sobre ellos, en ángulo,
vuelan gaviotas hacia el Sur.
Hacia el Sur vuelan el Ángel y Tobías...
El agua es plata y oro;

teñido de ellos, el mohán
del infinito Magdalena
ofrece su caudal sereno y bien ganado.
La noche bebe, pájaro creciente:
de árbol en árbol salta;
moja su pico corvo
apenas en el agua luminosa.
De pronto ha oscurecido.
Surcan luciérnagas
el ancho pecho negro
como estrellas fugaces
a las que hubiera que pedir favores.
Y el mohán, el río sobre el hombro,
como todas las noches de este mundo
menos antiguo que él,
observa sus riberas y suspira.

48

Santo Domingo

Palabras a medio decir llenan el aire.
Digo *tristeza* y tú entiendes *amor*;
dices *adiós* y yo entiendo *venganza*.
Nunca coincidiremos

en el mismo sentido:
el idioma de vuelta del amor
no es el idioma de la ida...
La luna surge desde el mar
—fulgurante y helada y próxima—
para los ojos que cegara el sol.

Las sonrientes palmas gráciles
su vivo e inacabable jugueteo
muestran, ajenas a nosotros,
retozan, se entrelazan, se abanican,
felices a la vez de su diversidad
y de sus semejanzas,
a la orilla del mar, como ellas y el amor,
idéntico y distinto.

Pero el mar, turquesa o amatista,
con renovado asombro distraído
mira volar las mariposas.

49

Roma

Roma respira, aspira, conspira,
idéntica a sí misma como un río.

La luna navegante
se desentiende de su algarabía.
Todo es hoy como era,
pero tú ya no estás.
En tu modesta rueca quizá hilas
el copo interminable
de una aburrida lana,
cerca de un agujero
por donde acaso entra otra luz.
Yo pienso en ti un momento
mientras veo pasar
la vida, que intenta arrebatarme
sin lograrlo. Los dos hemos perdido.
No sé quién más, ni importa.

50

Karlstad

En el andén de Karlstad
a punto de llorar me despediste.
Por qué reunirse sólo
para decirse adiós, te preguntabas.
Tanto tiempo añorando una presencia
y perderla de vista nuevamente.

El río claro helado
en marzo, el lago enorme helado…
«Aquí el sol brilla siempre», me dijiste.
«Sí; por su ausencia», repliqué.
Tú sonreías sin entender,
a punto de llorar.
Tu rostro había perdido
el esplendor. Anoche,
a la luz de las velas,
eras la misma aún. Esta mañana
habían transcurrido veinte años
sobre las comisuras de tus labios,
y tus ojos, cansados, parpadeaban
a punto de llorar.
Te había dicho:
«Sólo la ausencia me engrandece
ante tu corazón. Te doy el alimento
para otros veinte años…»
Pero tú no comprendes,
en el andén de Karlstad,
a punto de llorar…
Alzas la mano, la desnudas
del guante. Agitas
el guante con la mano,

y no ves cómo el tren arranca
para siempre otra vez.
«Hasta pronto», te digo
desde el estribo. Niegas con la cabeza,
y dices «hasta pronto», sin embargo,
a punto de llorar...

51

Umeä

Recuerdo aquel cuadro
del invierno. Brüghel el Viejo
pintó la soledad muy blanca
en la plaza del pueblo. El cielo bajo,
el silencio en los gestos, la luz tan yerta y mate,
la exenta serenidad de los objetos.
Y recuerdo las pesadillas infantiles:
yo estaba en esa plaza,
perdido, solo, tiritando;
miraba en torno mío,
y cuanto veía me era hostil:
la nieve blanda y el cortante hielo
y también la mudez
de las inmóviles figuras

que seguían siendo pintadas en mi sueño…
Hoy he visto ese duro paisaje
aquí, en Umeä, con una perspectiva
de anchos abetos y troncos de abedules.
Y me he sentido extraviado y tembloroso,
y buscaba una mano —tu mano— de que asirme,
pero no la encontré.
El niño que fui a solas continúa
dentro de mí temblando.

52

Costa Mosquitos (Nicaragua)

El horizonte, alto, es rosa y gris.
Arriba se anaranja muy delicadamente.
Pero no es el ocaso.
El sol está aún arriba
vigilando quizá
la cama en que va a echarse.
O previendo su propio atardecer,
que no tendrá,
porque aquí cae de pronto
como un fruto maganto,
sobre un suelo tal vez aún más confuso

entre el agua y la tierra...
Entre el agua y la tierra,
lo mismo que mi amor.

53

Costa Rica

He aquí los árboles inmóviles
y los que el viento balancea.
Ni unos ni otros saben lo que hacen:
sólo dan flores y frutos a su tiempo,
o prestan su sombra sobre los cafetales
ignorando que es lo que se les pide.
No reflexionan ni se abruman
por el exceso de agua o la sequía.
Ahí están desde que nacieron
y estarán hasta que perezcan.
¿Cuál fue la causa de una u otra cosa?
Ni lo saben, ni están para saberlo.
No poseen el significado
de su verdor ni de su savia.
Su justificación es la existencia
mientras que dura y los mantiene.
Puestos en pie, serán eternos

y necesarios en su hora...
El pensamiento es una enfermedad
de la que sólo el hombre es víctima:
los verdaderos dioses siempre duermen.

54

Atenas

Por las laderas de la acrópolis,
entre los taxis amarillos,
trepa la pobre Atenas depredada. El Plaka,
con su carga terrible de historia,
reescrita a sus espaldas, yace.
Dan las siete en el reloj
de la gran catedral ficticia,
y una paloma coja
pisotea sobre el mármol pentélico.
Va a anochecer una vez más sin ti.
La catedral pequeña,
cosida de remiendos religiosos
de otras divinidades,
recibe la limosna ya póstuma del sol,
y un arbusto florido
balbucea en el aire su canción impertérrita.

Lo que ayer fue la vida,
fuera del tiempo ya, crucificado,
finge una devoción indiferente.
Ay, desdichada, ay, desdichada.
Ay, ejemplo de todos los caídos.
Mi nombre cabe, con el tuyo,
en un grano de arroz.
Todos hemos perdido.
Todos estamos muertos...

También la biblioteca de Adriano.
Y Adriano y tú,
y el Erecteion desdeñoso en su altura,
y la voz del imán
que cae del minarete.
Y los dioses y el obstinado deseo de la vida.
Todos muertos
cuando se muere cada día el sol.
Igual que Byron y la viuda Makri
y los largos deseos
y las gráciles doncelleces.
Y las abiertas ágoras y las estoas silenciosas
y el pensamiento, también acaso el pensamiento,
como los viejos áloes en el balcón,

y el Areópago y sus gatos medrosos,

y el camino de las Panatenaicas,

y la luz arrastrando

su larga cola de desidias

sobre las amapolas,

enfrente de la sollozante Acrópolis, inútil

salvo para el turismo.

Entre olivos

que no bendijo Atenea,

avanzo y la trama los bendice.

¿Qué sucede? En una red metálica,

junto a un templo que alguien excava ahora,

unas trenzas castañas

como un exvoto vivo.

Todo está bien, todo está bien,

todo está como estaba:

el falleciente sol carmín,

los algarrobos casi negros,

la ascensión suave y verde,

la yedra transeúnte,

el ladrido perenne de los perros,

los pórticos esbeltos

que ya a nada preceden,

el mugir de las motos,

tu recuerdo moreno tan ausente,
el azahar y las rosas amarillas,
las acacias floridas
y el Reloj de los Ocho Vientos...
Todo está como estaba: yo sin ti.

55

Aquí maldijo Clitemnestra
el olor de su sangre.
Aquí Orestes gritó. Aquí
besó en la boca a Pílades...
Lo que vino después fue somnolencia.
Bajo este dintel y sus leones
gimió el mundo,
pero no ablandó su piedra el matricidio.
Sólo la piedra resiste tanta muerte,
tanta venganza, tanta condenación.
Se rebelaron los dóciles
peldaños de la larga escalera,
los arrecidos vientos,
el escaramujo y el olivo silvestre.
Quedar no queda nada:

una lombriz apenas,

apenas un ciempiés,

la estela interminable de las desolaciones,

los azules, los verdes, los morados,

el valle fertilísimo

que resplandece a los pies del palacio.

Sobre su frente, el cielo: nadie, nada,

el aguzado pico de la amenaza, el incesante

                                        [viento;

y por doquier la ruina

que no logró desarraigar los muros,

los goznes de las puertas, la cisterna…

Aún pace ahí el rebaño.

Abajo, la primitiva tumba

profanada por la ambición de los atridas

causa del daño, redonda como

un cubierto coso de minotauros,

pétrea, vengativa y silenciosa…

¿Por qué hasta este duro ápice

ascendieron? ¿De qué huían?

Acaso de lo mismo en que cayeron:

el corazón humano…

Todavía se oyen los alaridos,

descienden tropezando por las escaleras,

se alzan hasta las nubes de plomo,
ruedan sin orden ni concierto,
repiten desquiciados los ecos,
estremecen los fieros basamentos
del monte atroz, deshabitado ahora,
que enronqueció aquel crimen...
De amor, de desamor, de humanos corazones.

56

Museo de Atenas

Aristodikos tenía una estrella sobre el sexo
y un cuerpo lleno de armonía.
Kroisos, sin embargo, tuvo
algo más grandes las caderas,
pero su sexo y su sonrisa
también fueron más grandes.

El jockey de Artemision
no ganará nunca la carrera.
A pesar del infinito esfuerzo de su montura
y de su propia pequeñez y escaso peso.
Un árbitro exigente
todo lo ha suspendido.

Tenía Clitemnestra un aderezo de ópalos.
Quizá de aquello vino todo el mal.

Aquí estáis sin miraros,
Adriano y Antinoo.
Uno encontrado en Patres,
en Atenas el otro.
Ni la terrible frialdad de un museo
—ni la muerte— lograron separaros.

La Ménade voluptuosa
enseña el anca tentadora
jugando a ser andrógina.

En el patio, con laureles y olivos,
una preñada gata gris
come lo que le dan
rodeada de estatuas hermosísimas.
Viva y hambrienta, vale hoy ella
más que todas las perfectas estatuas
y quienes las hicieron
y los modelos que para ellos posaron
y el alto sentimiento
que a su mundo inspiraba.

Y también el geranio rojo
vale más de momento
bajo esta luz de abril.
Y el inquieto gorrión asustadizo

57

Villa Adriana

El césar dijo: «Necesito mármol»,
y se llenaron de él las colinas de Tívoli.
Aún están los olivos donde estaban los besos.
El silencio de hombros encogidos
y de fruncida frente
pasea lento entre encinas.
Sobre este mosaico
se irguió el cuerpo exquisito
que atrajo la mirada
compasiva del rey.
La ávida mirada ante las termas,
templo en que se adoró
a lo perecedero por ser perecedero.

Se desmorona el mundo
y el amor no progresa.

¿Qué terremoto, qué ira, qué tiempo destructivo
provocó tal desastre?
¿Qué cimiento ha cedido, qué pedestal de nieve,
qué tormenta de acantos, qué arrebato de fustes?
La belleza lograba en esta villa
poner puertas al campo y domar la quimera…
Largas noches cubrieron ruinas de oro.
Sobre ellas, ¿quién se reencontrará,
si tú ayer mismo, tan próximo,
hoy ya no estás conmigo?
La grandeza, igual que la hermosura,
nos es incomprensible cuando muere.
Todo ha perdido su razón:
el amor ya no está.

58

Un pueblo de Málaga

Aquí naciste tú.
Te embellecías bajo estas palmeras,
oíste acaso a estos pájaros
y te bañaste en esta luz los ojos.
Por esta misma acera
te aproximabas a la inquietud o al deleite,

y a los pies de esta torre
supiste que la vida
era y no era un jardín de rosas.
Me esperabas, sin saber mi existencia,
en este pueblo amargo y soleado.
Y me hallaste, y te tuve.
Luego volviste, cerrados ya los ojos,
a esta amargura y a este sol.

59

Bloomington, Indiana

El musgo, flor dormida
del silencio, dialoga con la estrella
y sonríe en la madrugada.
Cuando venga la luz, abre la puerta
y quédate junto al silencio.
Gemir, gritar, arder sería en vano,
porque la luz no ve ni oye.

Allí arriba, sobre la nube,
parpadea azul una luciérnaga.
Se soltará una noche, en un descuido,
y nos dejará ciegos para siempre.

Por eso te hablo de cerrar los ojos
y colocarlos sobre el musgo.
En él descansarán todo el invierno
a resguardo del sueño y de la lágrima

60

Túnez

Laúdes y violines verticales
trinan, aletean rabeles
acosados por las bravas sonajas
y el desafío de las darbucas.
Nada alegra a quien cerró los ojos.
Si alguien llora por el tiempo pasado,
sepa que el tiempo permanece.
¿No fue presente sólo,
bajo los cielos impasibles,
el momento del descalabro o de la gloria,
el momento del iluso mañana,
del más lejano ayer,
de la sed y el hastío?
La aparente monotonía
del corazón, como la de las horas,
cada cual ha de herirla con armas diferentes

y celebrarla con diferentes risas.
Laúdes y violines verticales
trinan por eso hoy.

61

Almuñécar

Durante un anochecer en esta playa te amé
                                        [tanto
que una respiración
para los dos bastaba.
Suspendieron el mar, para mirarnos,
su armonioso escalofrío,
y su unánime vuelo las gaviotas.
Se divertía el agua, sonrosada,
como si fuera a amanecer,
y se posó el silencio sobre el aire
lo mismo que un jilguero en una rama.
No existía para el amor
futuro ni pretérito:
todo era eterno instante...
Y de repente, sobre tus hombros
observé, mientras te besaba,
que nos veían ojos codiciosos.

No supe si eran de los viejos fenicios
o quizá de la noche...
No tardó en quedar claro
dónde va el ruiseñor cuando mayo termina.
La muerte, que los devoró a ellos,
sigilosa nos acechaba.
Nuestro amor, como el de ellos, fue vencido.
Pero yo te amo todavía.

62

Sapporo

Fue en una casa despojada
de todo, salvo de las cenizas de quienes la
[habitaron.
En el dibujo, la montaña,
la escala que sube, el horizonte
del mar y una incipiente luna.
Suavidad, lentitud y la leve sonrisa.
Sólo el agua emanaba
un ruido muy ligero.
Dorada de brocados, solemne y grácil,
asequible y distante,
reconcentrada y generosa, la anfitriona,

como quien trata con niños no educados,
me alargó el cuenco traslúcido.
Entré en la ceremonia.
Quise suplicar algo
a aquel líquido verde.
Nada se me ocurrió.
Permanecí mirándolo
como si lo reconociera después de muchos años
en que dejé de verlo.
Algo concreto que pedir… ¿Qué falta hacía?
Te sentí al lado mío
y todo estuvo bien una vez más.

63

El Cairo

Hablábamos de un fruto extraño y dulce
a la orilla del Nilo,
bajo el bramar lejano de los coches,
y era el amor quien sostenía las palabras.
Un amor no expresado aún
sino a través de la mañana
y del agua y del extraño fruto
y de los ojos que todo lo acarician.

Bogaban las falucas
arrastrando trozos del día en sus estelas,
y nosotros trazábamos irreales proyectos
con los torpes hilvanes
con que el deseo cose los destinos.
No me acuerdo del nombre
de aquel extraño fruto;
pero el resto aún me está sucediendo
dentro del corazón.

64

Hong Kong

En algún lugar ríen, en algún lugar aman.
Alrededor de mí veo bullir el mundo
y hormiguear la vida.
No quizá la alegría de vivir,
sino la obstinación.
Es lo que siento, a solas, esta noche,
en la que tú no estás.
Frente a la mía,
miles de otras ventanas me muestran su
                                    [enseñanza.
Su pobreza, su trabajo y su luz encendida.

Su participación en el significado
misterioso del mundo.
Y sus hijos pequeños,
peleando dos o tres en una misma cama,
y la abrumadora tarea doméstica,
y el amor que se hace pensando en las
[facturas…
Alguien ama, alguien ríe, alguien cree en Dios
[apenas
en alguna parte de este vastísimo universo.
Yo, delante de un espejo vastísimo,
miro mis ojos, me pregunto si es vivir lo que
[hago,
y, por no contestarme,
enciendo un cigarrillo.

65

Hokkaido

He ahí unas manos —musité—
que me complacería tener entre mis manos.
Alguien habla y describe los paisajes
que vemos mejor que él.
Va a llegar el invierno

y están ya las legumbres colgadas a secar.
En los valles menudos, los tejados azules
y la hierba rizada. Yo veo sólo tu rojiza
melena, mientras una canción
repite que el amor no retorna:
una letra vulgar y verdadera.

Y sin aviso previo, aparece el océano Pacífico.
Tú no me miras. Y es jade y es azul; pero tú no
                                    [lo miras.
Ni a él ni a mí nos miraste: eso me consolaba.
La tarde volcó sobre las aguas
su camión rojo basculante... Y me miraste
                                    [entonces.
Fue cuando aprendí a decir *cariño* en japonés.
En el tatami estaba la piedra apaciguada.
Latió mi corazón como un pájaro ciego.
Miré unos ojos negros y perdí mi camino.
Era ya el quinto día que te amaba.
Había sido lunes. Todo estaba cerrado,
menos un parque y nuestro corazón.

66

Aghmat

El sol, poniéndose en el palmeral,
era un disco de ópalo,
o quizá de alabastro
que alguien detrás iluminaba.
Yo te pedí el pequeño pan de cada día;
tú me diste trigales: una campiña entera.
Se me rieron las manos de opulencia
y se me llenaron de flores los ojos y la boca.

67

Karnak

Cuando el hombre construye templos
para sus dioses inmortales,
no percibe que él es el inmortal.
Lo único que se repite es el milagro:
que la gente permanezca viva,
que no se hundan las embarcaciones,
que los niños no se envenenen
con la tierra del zoco...
Junto al lago sagrado, la columna
sobre la que el escarabajo prevalece.

Dimos tres vueltas en su torno
y tocamos la luz de Amón,
y nuestro corazón, y el sol de nuevo,
y la cabeza, y miramos al lago
para pedirle suerte y larga vida.
Al bajar los ojos vi un lagarto
verdeazul, grande, inmóvil.
Al levantarlos, me miraron tus ojos
grandes y verdeazules: ellos eran mi suerte.

68

Petra

Había sol y lluvia, todo junto,
un rezago de amor aún en los labios
y una severidad en las miradas.
La lontananza, azul, y la luz, plata.
El otoño, tan recién empezado,
¿por qué había de traer tropeles de tristeza?
Con las lujosas piedras listadas y carnales,
la sonrisa del viernes,
el paisaje brillante y húmedo,
¿qué es este inerte viaje
sin ti y sin mí, raídos

del mundo que éramos sólo nosotros dos?
Aquí quedan las tumbas,
y cuanto el hombre retiró, no lo que puso.
Las alas no nos bastan,
el cielo no nos basta.
Nuestro mundo era mucho más grande que
[éste,
aunque era más pequeño que nuestro corazón.
Pero yo callé entonces,
y cuando quise hablar alguien cantaba.
Había perdido ya mi ocasión para siempre.
Ahora el canto no cesa, ajeno y frío,
lo mismo que una lluvia…
¿El viaje ha concluido?
¿Una vez más ha concluido el viaje?
No, Tobías. No, Ángel.
En la nada, aunque en la nada sea, continuemos:
¿qué otra manera de vivir nos queda?

69

Alepo

En la Tercera Puerta de la Ciudadela,
en la Puerta de los Carteles, vi tus ojos.

Me miraron desde mil años antes
con la fuerza de todos los vencidos.
Con la fuerza de Saladino y sus ejércitos,
y de los cristianos, y de Otelo y su turco.
Con la infinita alegría de estar vivos
hoy, a pesar de tantas muertes…
Por la noche, entre sueños,
he vuelto a ver tus ojos.
Y, bajo ellos, tus labios sonreían.
Y, bajo tus labios, sonrieron los míos.

70

Macedonia

En este campo, extraño y familiar,
por el que los dioses anduvieron,
corren ríos que la historia engrandece,
yacen navas entre los suaves montes
y colmenas turquesas sobre el verde
que enriquecen los girasoles…
Yo estuve antes aquí.
El cielo era más azul porque tú lo decías,
y más clara la luz porque tú la mirabas…
Pero el desfiladero de Kresna

nos dividió de pronto,
y te llevaste el cielo y la luz y el paisaje.

71

Blagoevdrad (Bulgaria)

Siempre que escuche reír a la alegría
yo te recordaré.
Siempre que me hiera la hermosura
volveré a ti los ojos…
Pero yo ya no te recuerdo, ni recuerdo
cuando te recordaba,
ni siquiera cuando te alejaste
y me mataba tu recuerdo…
No obstante, como una incomprensible
madeja blanca, tu ausencia me rodea.
Te he olvidado por el mundo entero;
pero siempre nos duele la hermosura
cuando se lleva su invisible daga.
«Cada risa es tu risa», repito a todas horas.
Justo sería que estuvieses
aquí a mi lado sin haberte ido.
O que volvieras, ay, o que volvieras…
Porque siempre que escuche a la alegría

yo te recordaré, aunque no te recuerde.
Aunque te haya olvidado, hebra por hebra,
a lo largo del mundo y a lo ancho.

72

Xauen

En la alcazaba cantan los pájaros, tiemblan las
[chicharras,
corre el agua tranquila.
No se derrama hoy sangre.
La adelfa y el ciprés acompañan la paz.
Y sin embargo todo es igual que ayer.

En la cárcel de la alcazaba el frescor nos
[compensa
de las flamas de fuera. Aquí alguien temblaría
de pavor y de frío.
Y sin embargo todo es igual que ayer.

Hay en la alcazaba diminutas literas
de novia que aguardan su dulce cargamento
de esperanza y de dicha.
Ayer temblaron dentro los cuerpos aún intactos.
Y sin embargo todo es igual que ayer.

En la alcazaba, bajo los altos montes,
el agua corre doméstica y helada.
Alguien tiritó saciando en este aljibe
su sed de labios agrietados.

     Y sin embargo todo es igual que ayer.

¿Entre estos muros hubo amor? ¿Brotó
como una flor llamada
a morir antes de florecer?
¿Un corazón se detuvo al oír un nombre
al pie de la antigua buganvilla?

     Sí, así fue. Y sin embargo todo es igual
                          que [ayer.

73
                              Bagdad

Tenía tanta necesidad de que me amaras,
que nada más llegar te declaré mi amor.
Te quité luces, puentes, autopistas,
ropas artificiales.
Y te dejé desnuda, inexistente casi,
bajo la luna y mía.

A las princesas sumerias,
cuando fueron quemadas con joyas rutilantes,
les brillaban aún sus dientes jóvenes;
se quebraron sus cráneos antes que sus collares;
se fundieron sus ojos antes que sus preseas...
Bajo la luna aún brillaban tus dientes,
mientras te poseí desnuda y mía.

74

Budapest

Tocaban los tziganes
Domingo triste porque tú no estabas.
Bullía entonces la vida
burlona y verde a nuestro alrededor.
Y esta noche todo era como en aquella noche:
flautas y violines
brillaban lo mismo que tus ojos
y gorjeaban lo mismo que tu voz...
Sólo que ahora tú no estabas
ni yo acaso tampoco.

75

Saint-Malo

En Saint-Malo graznan las gaviotas
y la lluvia desciende sin saberlo
sobre la piedra y sobre el mar,
que sin saberlo se marea.
Gritan los colegiales
al mediodía contentos sin saberlo;
el sol alumbra tenuemente
sin saberlo, cansado de antemano
desde el amanecer;
y el viento, sin saberlo,
se afila para entrar por las ventanas.
Porque, en Saint-Malo,
la gente no sabe que está triste.
Y yo, sin ti, tampoco.

76

Helsinki

Me sabe sin ti a nada la mañana
que, lo mismo que un cachorro,
se revuelca gozosa entre la luz.
Te echo de menos más que a la alegría,

porque sin ti mi vida se adormece
como un niño sin madre
que tiene malos sueños
y se ve solo en tierras extranjeras.
La desesperanza me oscurece
el atardecer de sedas grises,
hasta que llegas tú, con el amanecer
entre las manos, en mitad de la noche.

77

Samarkanda

Ningún cónyuge que te quiera mil años
te querrá más de lo que yo te quise
ante aquella mezquita una hora y media.
«Dodná, dodná», gritabas mirándome a los
                              [labios,
y yo bebía *hasta el fondo* el licor y los tuyos.
Sudábamos en la habitación 922,
ante una ciudad viva y arbolada que era un
                              [cuerpo tendido.
Desde la 917 se veían pájaros y cúpulas
como senos de todos los azules.
Te besé entre los cementerios

y en el hombro derecho tenías un antojo del
[color de las fresas.

Cuánta belleza azul y cuánto luto
para tan poca tumba.
Al subir la alta escala contamos treintaiséis
[peldaños;
al bajar, treintaicinco: el amor no nos duraría.
[Y nos reímos.
Nuestras manos se soltaron para comer pan de
[melón:
siempre sucede así.
«Dodná, dodná», la vida, hasta el fondo la vida…
Y yo esperaba el sueño.

78

Moscú

La nieve redentora
embellece las casas derrotadas
y su blanco turbión
se ciñe como una mano
contra nuestros ojos y contra nuestra boca.
El amor con su vaho nos calienta.
Crepita una fogata

bajo los visillos descolgados que oscilan por el
[aire,
y tus palabras brotan envueltas
en humo y en deseo.
Una anciana llama a su perro perdido:
«Nicolá, Nicolá.»
No tenía otra cosa en este mundo atónito;
ahora le queda su desolación.
Los pocos edificios se retiran
ante la luz que al irse los empuja
y ante la leve gasa de la nieve impasible.
«Nicolá, Nicolá», grita tropezando la vieja.
Mientras, la nieve apaga la última fogata.

79

Bangkok

Había llovido mucho,
aunque no era la estación de las lluvias.
Fue una mañana transparente
—todo eso queda lejos—
y una mariposa verde y negra
pasó cerca de mí; se detuvo un momento
sobre un perro tiñoso,

junto a su oreja izquierda. Hacía un calor
                                    [grande.
Sucedió ante la puerta de un templo budista,
y no lo tomé como un hecho expresivo.
Al otro lado de la calle,
gritaban los chiquillos de una escuela.
«Mañana —pensé yo— no estaré aquí,
y seguirán los niños jugando a la pelota.
Dentro de un tiempo
quizá no estaré en ningún sitio,
y otros niños, en Bangkok o en cualquier otro
                                    [pueblo,
continuarán gritando en los recreos.»
La mariposa verde, entre el ruido de la escuela
y el silencio del templo,
voló asumida por la luz inmortal…
Fue el día exacto en el que tú moriste.

ÍNDICE DE TÍTULOS
Y PRIMEROS VERSOS

Hay tardes en que todo: 44.
He ahí unas manos —musité—: 326.
He aquí los árboles inmóviles: 310.
He llegado hasta el último venero: 228.
He venido a decirte que me quieres: 196.
Horizonte, alto, es rosa y gris, El: 309.
Hoy encuentro, temblando ya y vacía: 229.
Hoy evoco los gentiles: 279.
Hoy me despierto de un amor; libero: 233.
Hoy que el verano va de despedida: 221.
Hoy quisiera soñar con azaleas: 110.
Hoy se queman los últimos recuerdos: 58.
Hoy vuelvo a la ciudad enamorada: 236.

Igual que da castañas el castaño: 210.
Incesante monólogo del mar, El: 281.
Interminable lepra de los días, La: 21.
Irrumpe el sol, y ahuyenta la ternura: 225.

Laúdes y violines verticales: 321.
Le abriste tu jardín y, conmovida: 230.
Llegué ciego, como san Pablo: 295.
Lluvia implacable tú, lluvia dorada: 194.
Luna nos buscó desde su almena, La: 191.
Luz está en el aire o es el aire?, ¿La: 257.
Luz no cae, no cae, La: 291.

Maitines: 88.
Me clavó bien, al hueso, las esposas: 189.
Me desentiendo de tu algarabía: 234.
Me desperté soñándote aquel día: 197.

Tan destronado llegas, soberano: 222.
Te llevaré de Córdoba a Granada: 217.
Tengo la boca amarga y no he mordido: 227.
Tenía tanta necesidad de que me amaras: 334.
Tocaban los tziganes: 335.
Todo es de luz y canta. Te recuerdo: 168.
Tras los infructuosos gestos del amor: 272.
Triste de juramentos y traiciones: 219.
Tu amor, ayer tan firme, es tan ajeno: 220.
Tú, hueso de mis huesos: 100.
Tú me abandonarás en primavera: 200.
Tú naciste, como la aurora: 79.

Venías de un país: 141.
Viene y se va, caliente de oleaje: 199.
Viento enmascarado, El: 294.
Viento se metía por mis ojos, El: 262.
Violeta y blanco, como hace quince años: 301.
Vivo dolor y manso el de no verte: 201.
Volé contigo, amor, volé, volaba: 258.
Volvéis de noche a casa, en una larga: 161.
Voy a hacerte feliz. Sufrirá tanto: 214.
Voz mintiera de las caracolas, La: 226.

Y la luna eras tú: 261.
Y nosotros ¿qué haremos?: 23.
¿Y qué habré de decir para que entiendan: 109.
Ya entiendo, sí, ya entiendo: 97.
Ya nunca más diré: «Todo termina»: 187.
Ya yo me voy y tu promesa llevo: 209.

Índice